KB189744

그리스도인을 완성하는 21가지

그리스도인을 완성하는 21가지

지은이 이승희
펴낸이 김명식
펴낸곳 (주)넥서스

초판 1쇄 인쇄 2015년 3월 30일
초판 1쇄 발행 2015년 4월 5일
출판신고 1992년 4월 3일 제311-2002-2호

121-893 서울시 마포구 양화로8길 24
Tel (02)330-5500 Fax (02)330-5555

ISBN 979-11-5752-326-9   03230

저자와 출판사의 허락 없이 내용의 일부를 인용하거나
발췌하는 것을 금합니다.
저자와의 협의에 따라서 인지는 붙이지 않습니다.

가격은 뒤표지에 있습니다.
잘못 만들어진 책은 바꾸어드립니다.

www.nexusbook.com
넥서스CROSS는 (주)넥서스의 기독 브랜드입니다.

CHRISTIA LIFE STYLE

크리스천 라이프 스타일

그리스도인을 완성하는 21가지

이승희 지음

넥서스CROSS

'그리스도인'이란 칭호는 '그리스도에게 속한 자', '그리스도를 따르는 자'라는 뜻으로, 사도 바울 당시 수리아 안디옥 교회 성도들을 향해 처음 사용되었던 용어입니다(행 11:26). 처음에는 그리스도를 믿는 자들을 멸시하는 의미로 사용되었으나, 초대 교회 당시 그리스도인들의 삶에 감동받은 사람들에 의해 "진짜 예수님을 닮은 사람들"이라는 영광스러운 의미로 바뀌었습니다.

일찍이 갑바도기아 신학자인 닛사의 그레고리 역시 '크리스천의 의미에 대하여'라는 글을 통해 '그리스도를 닮아가는 것'을 크리스천이 되는 의미로 설명했습니다. 그리스도인을 완성하는 것은 외적인 행위로 증명되는 것이 아니라 내면과 삶이 그리스도를 닮아가는 것으로 증명된다고 강조한 것입니다.

무너진 한국 교회를 살리는 처방 역시 그리스도를 따르는 척 외형적 열심과 흉내만 낼 뿐, 예수님의 뜻과는 상관없이 살아가는 '명목상 교인'을 양산하는 데 있지 않습니다. 예수 그리스도와 함께 십자가에서 죽고, 예수 그리스도와 함께 새 창조된 '리얼 크리스천'을 양산하는 데 있습니다.

필자는 《그리스도인을 완성하는 21가지》를 통해 그리스도에게 속한 자, 그리스도를 따르는 자의 라이프 스타일을 21가지로 정리해 보았습니다. 세상과 완전히 구별되는 정체성을 지닌 그리스도인은 이 땅에 발을 딛고 살아가지만, 하늘의 것을 추구하며 하늘로부터 모든 것을 공급받는 사람들입니다. 따라서 더 이상 이 땅의 것에 욕심내지 않습니다. 세상이 추구하는 넓고 영광스러운 길을 거부합니다. 오히려 예수께서 선택하신 섬김의 길, 십자가를 지는 삶을 묵묵히 따라가는 사람들입니다.

바라건대 이 책이 그리스도인의 삶을 고민하는 사람들과 진리를 찾는 구도자 모두에게 그리스도를 전하고, 그리스도를 따르는 길을 발견하도록 돕는 복된 통로가 되기를 간절히 소망합니다.

그리스도를 따르는 종
이승희 올림

．
차례
．

CHRISTIA LIFE STYLE

Christian
Life Style

01

찬양과 감사의 삶

에베소서 5:18~21

✚ 미완성인 나에게 필요한 라이프 스타일은?

    우리는 그리스도인으로서 교회를 다니며 예배를 드린다. 종교란에 자신의 종교에 대해서 기록할 일이 있으면 당당히 '기독교'라고 쓴다. 이처럼 자신을 그리스도인이라고 생각하면서 살아간다. 그러나 정작 삶 가운데서는 그리스도인으로서 어떠한 능력도 경험하지 못할 때가 많다.

    그 이유는 간단하다. 그리스도인의 라이프 스타일에 따라 살지 않기 때문이다. 공식적으로나 표면적으로는 그리스도인이라고 불리지만 그에 합당한 삶과는 동떨어져 살기 때문에 그리스도인으로서 경험해야 할 삶의 열매들을 거둘 수 없다.

    더 구체적으로 말하면 우리는 그리스도인으로서의 스타일보다는 세상 사람들이 추구하는 스타일을 가지며 살 때가 많다. 그러다 보니 삶 가운데 '그리스도인'만이 경험할 수 있는 풍성한 능력이 주어지지 않는다.

그리스도인다운 스타일을 지향하고 그리스도인으로서 경험해야 할 삶의 열매들을 맺는 것은 매우 중요하다. 살아계신 하나님의 능력이 삶의 현장 속에 나타나기 때문이다. 그러므로 내가 과연 그리스도인다운지, 무늬만 그리스도인은 아닌지 지금 이 시점에서 분명히 돌아보아야 한다. 무늬만 그리스도인인 사람들은 그리스도인으로서 풍성한 삶의 능력을 경험하지 못할 뿐더러 세상에서도 이렇다 할 열매를 맺지 못한다. 열심히 뛰면서 무엇인가 이루는 것 같기는 한데, 피곤하고 공허하기만 한 인생을 살아간다.

우리는 이제부터라도 라이프 스타일을 하나씩 하나씩 바꾸어 나가야 한다. 명목상 그리스도인이 아닌 진짜 그리스도인답게 사는 그리스도인이 되어야 한다.

✚ 찬양과 감사의 스타일을 취하라

변화를 위한 Tip 1

하나님을 높이는 것을 기본으로 하는 소통을 하라

세상에 많은 종교가 있지만 기독교는 찬양을 많이 하는 종교이다. 성경에서도 찬양을 강조하고 있다.

"시와 찬송과 신령한 노래들로 서로 화답하며 너희 마음으로 주께 노래하
며 찬송하며"_엡 5:19

이 성경말씀에는 "시", "찬송", "신령한 노래"라는 단어들이 등장하
는데, 단어의 의미를 세밀하게 구분하여 해석할 수도 있지만 총체적
인 의미는 하나로 귀결된다. 즉 '하나님을 찬양하고 높이는 것'이다.
더불어 이 세 가지 단어보다 더 중요하게 살펴보아야 할 것은 다름
아닌 "서로 화답하며"이다.

'화답하다'는 헬라어로 '랄레오'(λαλέω)인데 '이야기하다', '대화하
다', '소통하다'라는 뜻을 가지고 있다. 이것은 곧 하나님을 높이며,
영화롭게 하는 것들로 우리가 대화하고, 소통할 수 있어야 함을 뜻
한다. 이러한 모습이 수반된 삶이 진정한 그리스도인의 삶이라고 할
수 있다.

이제 우리가 진정한 그리스도인이라면 찬양하는 삶을 살아야 한
다. 찬양이 예배 시간에 부르는 노래에 그치지 않고 삶의 일부가 되
어야 한다. 하나님을 존귀하게 여기며, 하나님을 찬양하는 것으로
서로 대화하며 소통하는 것이 그리스도인의 라이프 스타일이다.

그런데 누군가는 이런 의문을 제기할지도 모른다. '그리스도인은
정치 이야기도 못하나?', '드라마, 연예인 이야기도 못하나?', '그리
스도인은 삶의 소소한 이야기들은 하면 안 된다는 말인가?' 물론 그
리스도인도 얼마든지 정치 이야기를 비롯하여 다양한 분야의 이야
기를 할 수도 있고, 얼마든지 살아가는 이야기를 할 수도 있다.

찬양으로 대화하라는 것은 삶의 현장에서 겪는 모든 이야기를 배

제한 채, 찬양과 성경 이야기만 하고 입만 열면 하나님의 은혜를 말하라는 것이 아니다.

"너희의 마음으로 주를 찬양하라"_엡 5:19

'마음'이라는 단어는 헬라어로 '카르디아'(καρδία)인데, 이것은 신체의 특정 기관을 지칭하는 말이 아니다. 내 삶의 가장 중요한 것을 담는 곳, 가장 깊은 내면의 어떤 자리를 가리키는 것이다. 그런 의미에서 마음으로 찬양하라는 것은 마음, 즉 삶의 가장 깊은 곳에서 하나님을 영화롭게 하는 말을 담고, 그 가운데서 소통하라는 것이다.

바꿔 말하자면, 하나님을 영화롭게 하고 찬양하는 것이 우리 삶의 가장 깊은 곳까지 내재되어 있어야 하는 것이다. 그렇게 우리는 하나님을 영화롭게 하는 의식이 마음 깊숙이 내재된 상태에서 일상적인 이야기나 시사적인 이야기 등, 다양한 이야기를 나눌 수 있어야 한다는 것이다. 그것이 크리스천의 라이프 스타일이다.

변화를 위한 Tip 2
하나님의 계획을 끝까지 믿고 미리 감사하라

찬양과 더불어 우리가 추구해야 할 라이프 스타일은 '감사'이다. 기독교는 찬양뿐만 아니라 감사라는 단어도 많이 쓰는 종교이다. 특히 신앙인들은 이야기하는 중에 하나님을 향해 '감사하다'는 말을 많이 한다. 물론 마음에도 없는 말을 상투적으로 내뱉는 것은 문제가 있겠지만 마음을 담은 감사를 입에 달고 사는 것은 분명 우리가 추구해야 할 모습이다.

> "범사에 우리 주 예수 그리스도의 이름으로 항상 아버지 하나님께 감사하며"_엡 5:20

여기서 "범사"와 "항상"이라는 표현에 주목해 볼 필요가 있다. 먼저 '감사해야 할 때'에 대해 살펴보면, 세상 사람들은 보통 자신의 판단과 조건에 따라 감사한다. 감사할 여건과 환경이 성립되면 감사하는 것이 그들의 라이프 스타일이다. 그러나 성경은 분명 범사에 감사하라고 말씀한다. 이것은 그리스도인에게 있어 특별한 감사의 조건이 없다는 것을 의미한다. 곧 모든 일에 감사하라는 말이다.

특히 "범사에"라는 표현에서 사용된 전치사는 '휘페르'(ὑπέρ)이다. 이 전치사는 모든 것을 초월한 개념에만 쓰는 단어이다. 즉 범사에 감사하라는 것은 모든 것을 초월하여 감사하라는 의미라고 볼 수 있다. 내가 처한 상황과 조건에 따라 감사하는 것이 아니라 모든 것을 초월하여 감사하는 것이 성경이 말하는 바이다. 〈데살로니가전서〉 5장 16~18절에도 동일하게 등장하기도 한다.

> "항상 기뻐하라 쉬지 말고 기도하라 범사에 감사하라"

감사는 취사 선택이 아닌, 일종의 명령이기도 하다. 그렇다면 연약한 인간이 과연 이 명령에 순종할 수 있을까? 사실 이 말씀에 순종하는 것이 말처럼 쉽지는 않다. 살다 보면 기쁘고 행복할 때보다 힘들고 억울하고 눈물 날 때가 많은 것이 현실이다. 그 상황에서 감사가 흘러나오기란 어렵다.

그러나 이 명령 앞에서 우리가 분명히 기억해야 할 것이 있다. 범사에 감사하라는 것은 고난이 와도 억지로 기쁜 생각을 하라는 차원이 아니다. 지금은 슬픔과 고통 앞에서 충분히 마음이 아플 수 있다. 성경이 말하는 것은 슬퍼하지도 말고 고통을 느끼지도 말고, 억울해 하지도 말며 무조건 참으라는 것이 아니다. 분명히 슬픔은 슬픔이고, 고통과 억울함도 아픔이지만, '이런 슬픔과 아픔을 통해서 우리에게 깨닫게 하시거나 유익하게 하실 하나님의 선하신 뜻이 있음을 믿는 것'이 성경이 말하고자 하는 바이다.

그러므로 슬프고 괴롭지만 하나님의 뜻을 바라보면 모든 상황을 기쁨과 희망으로 바꾸어 나갈 수 있다. 인간적으로 불편한 감정들이 몰려옴에도 불구하고 이것을 뛰어넘어 기뻐하고 감사할 수 있는 이유는 이 모든 일을 통해 결국은 선하신 하나님의 뜻이 이루어질 것이기 때문이다.

결론적으로 성경은 문제 상황에 매여 있지 말고 선하신 하나님의 주권을 인정하며 살 것을 전하고 있다. 우리 삶 가운데 어떤 상황이 펼쳐질지라도 범사에 "나는 하나님의 언약의 백성이요, 하나님이 나를 통치하시는 통치자"라는 하나님의 주권을 신뢰한다면 감사할 수 있을 것이다. 하나님이 분명히 모든 상황을 통하여 "내게 선을 이루어주실 것이라"는 그 믿음이 나를 살리는 것이다.

"우리가 알거니와 하나님을 사랑하는 자 곧 그의 뜻대로 부르심을 입은 자

주권자이신 하나님은 그의 언약 백성이 어떤 일을 당하든지 그 일을 통해 선한 열매를 맺게 하시며 선한 결론을 내리실 분이기에, 우리는 어떤 상황 가운데에서도 감사할 수 있다. 결국 감사는 믿음의 표현이다. "나는 하나님을 이렇게 믿노라"고 말하며 거창하게 하나님 앞에서 믿음의 행위를 나타낼지라도 범사에 감사하는 마음이 없다면, 그는 하나님의 주권을 인정한다고 볼 수 없다. 반대로 "지금 난 너무 고통스러워. 그렇지만 난 감사할 수 있어. 하나님이 날 위해서 가장 선한 일을 행하실 것을 알기 때문이야."라고 말하는 사람은 하나님을 신뢰하고 있는 사람이다. 감사할 수 있는 조건 때문에 감사하는 것이 아니라, 결국은 감사하게 하실 것을 알기에 감사를 '먼저' 고백하는 것이 진정한 믿음이다.

변화를 위한 Tip 3

감사를 확장시켜 나가라

다음으로 '항상'은 '판토테'(πάντοτε)로, '지속해서', '주기적으로'라는 의미를 가지고 있다. 즉 항상 감사하라는 것은 "지속해서 감사해라", "주기적으로 늘 감사해라", "네가 감사에 늘 머물러 있도록 하라"는 의미이다. 감사는 곧 훈련인 셈이다. 물론 세상 사람들은 이런 이야기를 이해하기 어려워할 것이다. 그러면서도 그들은 이 말씀대로 사는 사람들을 보면 경탄을 금치 못한다. 감사할 수 없는 상황 속에서 지속적 주기적으로 감사하는 사람을 볼 때, 세상 사람들은 "저

사람은 진짜 예수쟁이다. 삶이 우리와 완전히 다른 사람들이야."라
고 말하게 되는 것이다.

감사는 분명 특별한 일 앞에서만 이루어지는 것이 아닌 라이프 스
타일이 되어야 한다. 좋은 학교에 들어가고, 좋은 직장에 들어가서
승진하고, 계약이 잘 이루어지고, 좋은 집을 얻는 것 등만이 감사의
이유가 아니다. 그런 일이 없어도 주기적으로 지속해서 감사하는 것
이 우리의 인생이 되어야 한다.

특히 감사는 놀라운 확장성을 가지고 있기도 하다. 이것은 마치
불평이 강력한 전염성을 가진 것과도 같은 원리이다. 누군가가 공동
체 안에서 불평을 한 번 하면 그 불평이 금세 다른 사람에게 옮겨간
다. 그래서 불평이 불평을 낳게 된다. 가정에서도 남편이 계속 원망
하고 불평하면, 아내도 덩달아 원망하고 불평하는 삶을 산다. 이어
서 자녀도 그 모습을 보며 늘 불평을 하게 된다. 감사도 마찬가지이
다. 누군가가 감사하면 감사의 분위기가 퍼져나간다. 뿐만 아니라,
내 안에서도 감사가 계속 확장된다. 그것이 감사의 성격이다. 가령
자녀를 보면서 이렇게 예쁘고 착한 자녀를 주신 것에 감사하다 보
면, 그 자녀를 낳아 준 아내에게 감사하게 되고, 더 나아가 아내를 낳
아 준 장인, 장모에게도 감사하게 된다. 감사는 그렇게 확장성을 가
지고 있다.

변화를 위한 Tip 4
하나님의 백성인 상대를 높여 주고 나 자신은 기꺼이 낮추라
성경은 찬양과 감사에 이어서 복종의 라이프 스타일에 대해서도

말씀하고 있다.

"그리스도를 경외함으로 피차 복종하라"_엡 5:21

복종이라는 말은 얼핏 부담스럽게 느껴질 수도 있다. 그러나 여기서 복종은 겸손이라는 의미와 일맥상통한다. '복종'은 '휘포탓소'(ύποτάσσω)로, '누군가의 아래'(휘포)에서 '질서 있게 줄을 서다'(탓소)라는 뜻이다. 한마디로 나를 낮추는 것이다. 누구 아래 들어가는 것이 곧 복종이다.

그런데 왜 우리는 서로에게 복종해야 할까? 분명한 이유는 바로 앞에 등장한다. "그리스도를 경외"하기 때문이다. 경외한다는 것은 두려워한다는 것이다. 하나님을 두려워한다면 두려움과 경외의 대상인 하나님만이 아니라 그분의 백성도 함부로 대해서는 안 된다. 백성끼리 서로 높여 주며 겸손해야 한다는 것이다. 이것이 그리스도인이 추구해야 할 스타일이다.

안타깝게도 오늘날 세상에서는 복종이나 겸손을 지향하지 않는다. 세상 사람들은 자신을 드러내고 정복하고, 더 나아가 짓밟고, 깔아뭉개고, 다른 사람 위에 올라서는 것을 추구한다. 그것이 강한 것이고 힘이고 성공이고 승리라고 착각하기까지 한다. 그러나 성경은 분명히 다른 사람 아래서 질서를 갖출 것을 명한다. 서로 그렇게 살아가는 것이 그리스도인의 삶이라고 가르친다. 무엇보다 우리가 따라야 할 최고의 모델이신 예수님이 이런 삶을 사셨다.

"너희 안에 이 마음을 품으라 곧 그리스도 예수의 마음이니 그는 근본 하나님의 본체시나 하나님과 동등 됨을 취할 것으로 여기지 아니하시고 오히려 자기를 비워 종의 형체를 가지사 사람들과 같이 되셨고 사람의 모양으로 나타나사 자기를 낮추시고 죽기까지 복종하셨으니 곧 십자가에 죽으심이라"_빌 2:5~8

과연 예수님이 힘이 없어서 복종하신 것일까? 능력이 없어서 자신을 낮추신 것일까? 예수님을 잡으러 온 로마 병정들 앞에 베드로는 칼을 뽑아들고 자신의 힘으로 막으려고 했지만, 예수님은 "내가 힘이 없어서 가만히 있는 것이 아니다. 능력이 없어서 이렇게 당하는 것이 아니다."라고 말씀하셨다.

곧 이러한 모습이 그리스도인의 라이프 스타일이며 하나님이 원하신 것임을 말씀하셨다.

✚ 변화된 라이프 스타일이 주는 기쁨

이제 찬양과 감사, 복종이 우리 삶 가운데 깊게 배어야 한다. 이러한 라이프 스타일을 갖추게 되면 이전에 경험하지 못했던 놀라운 변화가 일어나게 된다.

찬양과 감사의 삶이 주는 기쁨 1
연약함을 극복하고 능력을 입게 된다

우리가 만약 찬양의 삶으로 그리스도인다운 삶의 방식을 추구하면, 우리 삶에는 사탄의 권세를 제어하는 능력이 나타나게 된다.

> "여호와의 영이 사울에게서 떠나고 여호와께서 부리시는 악령이 그를 번
> 뇌하게 한지라 사울의 신하들이 그에게 이르되 보소서 하나님께서 부리
> 시는 악령이 왕을 번뇌하게 하온즉"_삼상 16: 14~15

하나님의 영이 사울에게서 떠나자, 사단의 영이 그를 장악하기 시
작했다. 그리고 그때부터 사울은 날마다 고통 가운데서 번뇌했다.
현대 사람들의 상황과 비유하자면 "정신분열증에 심하게 시달렸다"
고도 표현할 수 있다. 꿈에 이상한 것이 보이고, 헛소리를 하게 되고,
밤에 잠을 늘 못 자는 매우 고달픈 삶을 살게 된 것이다.

그런데 그때 다윗이 수금을 들고 사울을 찾아가 하나님을 찬양하
자 놀라운 변화가 일어났다.

> "하나님께서 부리시는 악령이 사울에게 이를 때에 다윗이 수금을 들고 와
> 서 손으로 탄즉 사울이 상쾌하여 낫고 악령이 그에게서 떠나더라"_삼상
> 16:23

다윗이 시로 하나님을 찬양할 때, 사울 왕을 괴롭히던 악령이 떠
난 것이다. 즉 하나님의 능력이 나타났다.

지금 내 삶에 얼마나 찬양하는 삶이 있는지 돌아보자. 일주일 내
내 얼마나 많이 찬양을 입에 담았는지, 일주일 내내 수많은 사람을
만나면서 얼마나 많이 하나님을 높였는지 생각해 보자. 그렇지 않았

다면 '카르디아'(καρδία), 즉 깊은 내면의 자리에 하나님을 영화롭게 하려는 의식이 뿌리내리지 않은 것이다.

교회 안에서는 "하나님, 예수님" 하며 열심히 기도하고 찬양도 열정적으로 부르는데, 정작 그리스도인다운 삶을 실현해야 할 세상에서는 단 한 번도 그리스도인의 라이프 스타일을 찾아볼 수가 없었던 것이다.

그러나 이제 나의 일상과 어휘, 내 깊은 의식의 저변에 찬양이 가득 차면 분명히 변하게 될 것이다. 하나님을 존귀하게 높이는 말들과 시, 찬송, 신령한 노래들이 넘치게 되면 이제 내 삶에는 그리스도인만이 갖출 수 있는 능력이 나타나기 시작할 것이다.

찬양과 감사의 삶이 주는 기쁨 2
진짜 행복이 무엇인지를 알게 된다
그리스도인으로서 감사의 라이프 스타일을 찾게 되면 삶 가운데 진정한 행복이 찾아오게 된다. 예수를 믿으면서도, 교회의 직분을 감당하면서도, 교회 봉사를 하면서도, 그동안 행복을 경험하지 못했다면 라이프 스타일을 '감사'로 결론 내지 않았기 때문이다. 교회 봉사를 하면서도 늘 원망, 불평하기 때문에 그리스도인이라고 말하면서도 행복하지 않았던 것이다.

그러나 그리스도인의 라이프 스타일이 '감사'라는 사실을 깨닫고 범사에 항상 감사하는 것을 삶의 스타일로 정하고 바꾸면 삶이 행복해진다. 많으면 많아서 감사, 적으면 적어서 감사, 잘하면 잘해서 감사, 못하면 못해서 감사하니 늘 행복할 수밖에 없다. 무엇보다 감사의 대상이시자 우리 인생의 통치자이신 하나님을 신뢰하고 감사하면 하나님이 그 인생을 더욱 풍요롭게 해 주신다.

하나님이 친히 높여 주시는 인생을 경험하게 된다

다음으로, 복종의 라이프 스타일 역시 우리의 인생을 바꿔 나가기 시작한다. 얼핏 복종은 억울한 느낌을 줄 수도 있다. 그리스도인은 세상에 나가서 얻어터지고, 짓밟히면서 살아야 하느냐고 누군가는 반문할 수도 있다.

그러나 〈빌립보서〉 2장 9~11절 말씀을 전체적으로 보면, 우리는 놀라운 사실을 깨닫게 된다.

> "이러므로 하나님이 그를 지극히 높여 모든 이름 위에 뛰어난 이름을 주사
> 하늘에 있는 자들과 땅에 있는 자들과 땅 아래에 있는 자들로 모든 무릎을
> 예수의 이름에 꿇게 하시고 모든 입으로 예수 그리스도를 주라 시인하여
> 하나님 아버지께 영광을 돌리게 하셨느니라"

그리스도의 스타일대로 낮아지고 겸손하면 하나님이 그를 높이신다는 것이다. 하나님이 모든 무릎이 그 앞에 무릎을 꿇도록 높이실 뿐만 아니라, 하나님이 그 영광을 받으신다는 것이다.

우리는 가끔 내가 높아지기를 바라면서 말로만 "하나님, 영광을 받아주세요."라고 할 때가 있다. 그러나 하나님은 내가 낮아지고 복종의 스타일대로 살아가는 가운데서, 나를 통해 영광을 받기를 원하

신다. 그리고 그 가운데서 하나님은 나를 다시 높여 주신다. 내가 높아지려고 하면 오히려 비웃음만 당할 뿐이다.

실제로 자존심을 세우려다가 무너지고 조롱받는 경우를 우리는 많이 본다. 이제 겸손함 가운데 하나님을 높이고 그 가운데서 하나님의 인정을 받아야 한다. 그것이 그리스도인의 삶이며 올바르게 인정받고 높아지는 방법이다.

체크 리스트	질문 리스트	체크란
1	교회 밖, 일상 생활에서도 찬양으로 하나님을 높여 드리고 있는가?	YES / NO
2	사람들과 대화할 때 하나님이 영광 받으실 것을 늘 의식하고 있는가?	YES / NO
3	슬프거나 마음이 안 좋을 때 찬양하면서 하나님의 능력을 구하고 있는가?	YES / NO
4	감사할 수 없는 상황에서 하나님의 뜻을 찾으려고 노력하는가?	YES / NO
5	어떤 상황에서도 감사의 이유를 찾는가?	YES / NO
6	내게 주어진 가족에 대해서 늘 감사하고 있는가?	YES / NO
7	내 안의 불평 거리를 찾아서 제거해 나가고 있는가?	YES / NO
8	누군가를 이기고 올라서겠다는 마음을 떨쳐내고 있는가?	YES / NO
9	가족에게 기꺼이 낮아지고 복종하려는 마음을 가지고 있는가?	YES / NO
10	교회나 사회 안에서 누군가를 섬기는 것이 기쁜가?	YES / NO

Christian
Life Style
02

회개의 삶

마태복음 4:17

✚ 미완성인 나에게 필요한 라이프 스타일은?

　교회가 타락의 끝을 치닫던 중세 시대 때, 개혁의 기치를 들고 일어난 종교 개혁자들은 말씀을 전할 때마다 한결같이 '회개'를 선포했다. "회개를 잃으면 교회는 망한다", "부패하고 타락한 심령에 회개의 운동이 일어나야 한다"는 사실을 늘 전했다. 특히 제네바 시를 중심으로 이러한 메시지가 많이 선포되었다.

　그런데 이때 회개를 선포하는 목사들을 죽이려는 시도들이 나타나기 시작했다. 그것도 설교하는 동안에 그런 일들이 벌어졌다. 급기야 목사가 강단에서 설교할 때, 방탄유리로 강단을 막아 놓고 하는 웃지 못할 일이 일어나기도 했다. 더 나아가 강단에 뛰어오르지 못하도록 설교를 마칠 때까지 자물쇠로 잠그기까지 했다.

이처럼 사람들은 회개하라는 메시지를 별로 좋아하지 않는다. 오늘날에도 회개에 관해서 설교하면 교인들이 싫어한다. 그렇게 현대 교회는 회개를 빼앗겨 버렸고, 여전히 성도들은 회개와 거리를 두며 산다.

과연 우리는 회개하라는 선포 앞에서 어떤 반응을 보이고 있는가? 겸손하게 회개의 자리로 나아가고 있는가? 숨겨진 내면의 죄까지 고백하기를 원하는가? 혹시 내 잘못을 인정하는 것을 꺼리고 있지는 않은가? 더 나아가 회개를 자존심 상하는 일로 여기고 있지는 않은가?

회개는 사람들을 향한 인신공격이 아니다. 강단에서 선포되는 회개의 메시지는 어느 한 사람을 비난하는 것이 아니다. 그 사람의 허물과 추함을 들추어내어 폭로함으로 수치의 자리로 몰아넣는 것도 아니다. 회개는 그리스도인이 기본적으로 갖추어야 할 삶의 방식이다. 오늘날 회개의 스타일을 추구하는 것이 공격당하고 꺼려지는 현상은 심각한 문제임을 알아야 한다. 이제 회개가 몸에 배어 있는 사람이 되도록 힘써야 한다. 즉 회개가 삶의 일부가 되어야 한다.

✚ 회개의 스타일을 취하라

변화를 위한 Tip 1
회개가 신앙의 기초임을 기억하라
우리는 자신을 '신앙인'이라고 표현한다. 흔히 사용하는 이 말의 의미는 간단하게 '신앙생활을 하는 사람'을 말한다. 그렇다면 신앙생활은 무엇인가? 신앙생활은 그리스도인의 삶이다. 즉 그리스도를 모시고 사는 사람을 신앙인이라 하고, 그 신앙인이 살아가는 삶을 두고 신앙생활이라고 말한다.

여기에서 우리는 신앙생활의 기본이 무엇인지를 살필 수가 있다. 신앙생활이 그리스도를 모시는 삶이라면 예수님이 하신 명령을 따라야 하는데, 예수님의 첫 번째 명령을 통해 신앙의 기본을 파악할 수가 있는 것이다. 그렇다면 예수님의 첫 번째 명령은 무엇인가? 예수님이 공생애 기간, 가장 처음으로 하신 명령은 다름 아닌 '회개'였다.

"회개하라 천국이 가까이 왔느니라"_마 4:17

예수님은 공생애 기간 첫 명령으로 말씀하셨다. 첫 출발점이 회개의 사역이었다. 이러한 사실을 통해 우리는 예수 그리스도를 주인 삼고 살아가는 모든 그리스도인 역시 회개를 삶의 기초로 두어야 함을 알 수 있다. 더 나아가 회개를 라이프 스타일로 삼아야 함을 깨달을 수 있다.

마르틴 루터가 종교개혁을 일으킬 당시에도 이러한 사실이 적용되었다. 중세 가톨릭이 타락의 정점에 달할 때, 마르틴 루터는 잘못된 교회와 신앙에 대하여 개혁의 기치를 들고 일어나 95개 조항의 종교 반박문을 썼다. 주된 내용은 성경이 가르치는 그리스도인으로 돌아가야 한다는 것이었다. 그 제1조가 바로 〈마태복음〉 4장 17절에 근거한 것이었다. 실제로 당시 신자들은 회개를 신앙과 인생의 기초로 삼지 않았다. 회개하는 방법부터가 잘못되었는데, 어떤 회개할 문제가 발생했을 때 그들은 신부에게 찾아가 고해성사를 했다. 고해성사란 어떠한 죄를 어떠한 상황 가운데서 짓게 되었다고 신부에게 고백하면, 신부가 죄 사함을 선언해 주고 죄에 대한 보상의 삶을 살게 해 주었다. 가령, 며칠 동안 금식을 하라고 하거나, 봉사를 하라고 하거나, 교회 기물을 사는 데 헌신하라고 하는 등, 인간적인 판단으로 죄를 해결할 방안을 제시해 주는 것이다.

심지어 죄의 문제를 해결하는 방법으로 면죄부를 발행하기도 하였다. 돈을 얼마 주고 면죄부를 사게 되면 죄의 문제가 다 해결되었다고 인정하는 것이다. 이러한 심각한 타락에 대항하여 루터와 종교개혁자들은 회개를 시작으로 하는 신앙의 회복을 추구해 나간 것이다. 특히 회개가 한 번의 이벤트로 끝날 수 없고 인간의 노력으로 해결될 수 없음을 성경적으로 증거했다.

안타깝게도 회개에 대해 오해하고 회개를 기본으로 삼지 않았던 상황이 오늘날 또다시 반복되고 있다. 기본이 되는 회개를 교인들이 꺼리고 교회가 교인들의 비위를 맞추느라 회개에 대해 침묵하고 있는 것이다. 이렇게 회개에 대한 중요성을 외면하게 되면 교회는 점점 무너지게 된다. 이에 대해 C. S. 루이스는 "회개를 말하지 않는 기독교는 물탄 기독교이다."라고 말했다. 회개를 간과하면 기독교의 본질이 흐려진다고 설명한 것이다.

또한 고든 맥도날드는 회개는 복잡한 것이 아니라, 삶이라고 말했다. 사도 바울 역시 다음과 같이 말했다.

"혹 네가 하나님의 인자하심이 너를 인도하여 회개하게 하심을 알지 못하여 그의 인자하심과 용납하심과 길이 참으심이 풍성함을 멸시하느냐 다만 네 고집과 회개하지 아니한 마음을 따라 진노의 날 곧 하나님의 의로우신 심판이 나타나는 그 날에 임할 진노를 네게 쌓는도다"_롬 2:4~5

이 말씀은 회개의 삶을 살지 않는 사람은 하나님을 멸시하는 것임을 알려 주고 있다. 왜냐하면 하나님이 허물과 실수로 가득한 우리를 용납해 오신 것은 회개할 기회를 주시기 위함인데, 주신 기회와 시간에 회개하지 않는다면 우리를 향한 하나님의 은혜를 멸시하는 꼴이 되기 때문이다. 이런 차원에서 회개를 상실한 삶은 그리스도인의 삶이 될 수가 없다고 볼 수 있다.

변화를 위한 Tip 2

올바른 동기를 가지고 회개하라

〈요한일서〉 1장 9절에서 10절은 다음과 같이 증거한다.

"만일 우리가 우리 죄를 자백하면 그는 미쁘시고 의로우사 우리 죄를 사하시며 우리를 모든 불의에서 깨끗하게 하실 것이요 만일 우리가 범죄하지 아니하였다 하면 하나님을 거짓말하는 이로 만드는 것이니 또한 그의 말씀이 우리 속에 있지 아니하니라"

말씀 그대로 우리가 회개하기만 하면 하나님께서는 우리를 모든 불의에서 깨끗하게 하실 것이다. 그런데 여기서 전제되는 사실이 있다. 인간은 완전 의로운 인간이 아니라는 것이다. 구원을 받아서 의로운 신분으로 바뀌었지만 우리에게는 여전히 죄의 본성이 남아 있다. 이처럼 나약한 인간은 구원받은 이후에도 자신을 점검하며 회개해야 한다. 그러면 그때마다 신실하신 하나님은 우리의 모든 허물과 죄를 용서해 주신다.

안타깝게도 예수 믿지 않은 사람들은 죄를 지어도 그것이 죄인 줄 모를 때가 많다. 살인, 도둑질 등 윤리적으로나 법적으로 문제가 되는 것들은 죄로 여기지만 가장 심각한 죄인 하나님의 뜻에 따르지 않는 죄는 죄라고 여기지 않는다. 그래서 '나에게는 죄가 없다', '회개가 필요 없다'라고 생각하기도 한다. 예수 믿지 않는 사람뿐만이 아니다. 우리 역시 예수 믿기 전에는 죄를 지으면서도 죄인 줄 몰랐다. 말씀이 없기 때문에 죄를 짓고도 아무런 죄책감이 없었다. 그러나 감사하게도 예수님을 영접한 이후로는 우리 안에 말씀이 있기 때문에 죄를 인식하고 돌이킬 수 있게 되었다. 우리 삶에 기준이 주어졌기 때문에 죄를 분별할 수 있게 된 것이다.

그런데 회개에 있어서 무엇보다 중요한 것은, 회개의 동기가 올바르게 형성되어야 한다는 사실이다. 많은 교인이 어떤 잘못을 저지르고 난 후 '저지른 잘못에 대하여 하나님이 내리실 결과'가 두려워서 회개하려고 한다. 혹시 나의 잘못 때문에 사업이 망하면 어떠할지, 자녀에게 잘못된 일이 생기면 어떠할지, 오늘 하루 어떤 사고라도 나면 어떠할지를 걱정하면서 회개하는 것이다. 이렇게 하나님께서 내리실 벌을 두려워하면서 뉘우치고 회개하는 것은 율법적인 회개이다.

물론 하나님을 두려워하고 경외하는 마음을 가지고 살아가는 것은 중요하다. 또한 죄를 지으려는 순간에도 하나님을 두려워하는 마음, 하나님이 보시고 계시다는 마음으로 죄를 짓지 않고 마음을 고치는 것 역시 좋은 모습이다. 성경에서도 범죄한 백성을 향해 '회개하고 돌이키지 않으면 심판하겠다'는 말씀을 곳곳에서 하고 있다. 그러나 이러한 사실이 회개의 동기가 되어서는 안 된다.

우리는 하나님이 내게 베풀어 주신 놀라운 은혜와 사랑을 떠올리면서 회개할 수 있어야 한다. 은혜를 입은 자로서 하나님을 기쁘시게 해 드려야 하는데 그러지 못한 것에 대해 마음 아파하며 회개해야 하는 것이다. 하나님의 마음이 어떠할지는 생각하지 않은 채 그저 하나님이 내리실 벌이나 심판을 염려하며 회개하는 것은 회개의 기본 정신에 위배되는 것이다. 조건부로 회개하는 것, 후환이 두려워 회개하는 것은 형식만 회개일 뿐 하나님이 기뻐하지 않으신다.

변화를 위한 Tip 3

입술의 고백에만 머무는 삶에서 떠나라

신약성경에 '회개'라는 의미로 쓰인 단어가 몇 개 있는데, 그중에서 가장 많이 쓰인 단어가 '메타노니아'(μετάνοια)이다. 이 말은 마음의 변화를 지칭하는 단어인데 단순한 마음의 변화를 일컫지 않는다. 여기서 말하는 마음의 변화는 행위의 변화를 가져오는 것이다. 즉 삶의 돌이킴을 수반한다. 또한 구약성경에서 '회개'의 의미를 가진 히브리어로는 '슈브'(שוב)가 있는데, 이 역시 하나님께로 돌아간다는 의미를 지니고 있다. 하나님께 돌아가려는 마음의 변화를 갖게 되는 것이 회개의 진정한 의미인 것이다.

신앙생활이 하나님을 닮는 삶이자 그리스도를 주인 삼고 사는 삶이라면 회개는 하나님께로 돌아가는 삶이다. 그런데 우리는 기도의 구색을 갖추기 위해 하는 회개만 하고 있지 않은가? "하나님, 제가 한 주간 잘못 살았습니다."라고 기도 중에 잠깐 언급하는 정도에 그치고 있지 않은가? 혹은 "이것도 주세요, 저것도 주세요."와 같은 목적 성취를 위한 기도를 하기 전에 미끼로 던져 놓듯 회개 기도를 하고 있지는 않은가? 내 삶의 방향을 바꾸며 내 행위를 바꾸며 하나님께 온전히 돌아가는 회개가 우리에게 있었는지 돌아보아야 한다.

또한 우리는 회개와 후회를 혼동할 때가 있다. 지난날, 혹은 방금 전의 잘못을 저지르고 난 후 잘못에 대해 뉘우치기만 하고 이것이 회개의 전부라고 생각하는 것이다. 물론 후회한 후 또다시 후회할 행동을 할 수는 있다. 그러나 다시 반복하지 않기 위해 최선의 노력이 필요하다. 회개는 바로 그런 노력까지를 포함한다.

신앙생활이란 하나님 앞에 고집을 부리는 생활이 아니라, 하나님 앞에 나의 고집을 꺾는 것이다. 즉 고집을 꺾고 하나님께 순종하는 것이다. 그런데 만약 회개함으로 내 행위를 바꾸지 않고 있다면 이런 삶은 하나님 앞에 여전히 고집부리고 있는 것이다. 이제 과거의 잘못에서 완전히 돌이킴으로 하나님 앞에 고집을 꺾는 신앙인이 되어 보자.

회개를 통해 우리는 새로운 출발을 할 수 있다. 회개의 라이프 스타일을 갖추게 되면 우리의 삶 가운데서 다음과 같은 유익을 누리게 된다.

회개의 삶이 주는 기쁨 1
내가 거하는 곳이 천국이 된다

천국은 죽어서 가는 나라, 장차 우리가 갈 하나님 나라로 여겨질 때가 많다. 그런데 천국에는 이런 의미만 있는 것이 아니다. 성경에 등장하는 천국이라는 말은 두 개의 단어가 합쳐 형성되는데 바로 '하나님 나라'이다. 여기서 나라는 '바실레이아'(βασιλεία)로 어떤 장소를 묘사하는 것이 아니라 상태를 표현하고 있다. 즉 다스리고 통치하는 상태를 담고 있다. 그러므로 천국은 하나님이 통치하시는 상태를 의미하기도 한다.

따라서 우리는 이 땅에서도 천국을 누릴 수가 있다. 하나님이 통치하시는 곳이라면 그곳은 천국이 된다. 그런데 그 천국을 누릴 수 있게 하는 삶의 열쇠가 바로 회개이다.

"회개하라 천국이 가까이 왔느니라"_마 4:17

혹시 내가 사는 이곳이 늘 슬픔뿐이고 늘 고통과 괴로움뿐이라고 생각되는가? 그런 곳도 충분히 천국으로 바꿀 수 있다. 회개를 통해 신앙의 기본이 다져진다면 그곳이 하나님 나라가 된다. 초막이든, 궁궐이든 중요하지 않다. 어떤 곳이든 회개를 통해 하나님이 허락하신 새로운 삶을 누릴 수 있다면 그곳은 천국이 된다.

회개의 삶이 주는 기쁨 2
연약함이 강함으로 변화된다

우리는 죄 짓지 않으려고 온갖 노력과 애를 쓰지만, 연약하기 때문에 죄를 지을 때가 많다. 그래서 죄로 인해 삶이 늘 무겁다. 부끄러운 마음으로 늘 살게 된다. 그런 우리에게 하나님은 회개라는 선물을 주셨다. 이 선물을 통해 우리는 연약한 우리 삶을 극복하고 누구보다 강한 자로 일어설 수 있다.

그런데 이것은 세상의 원리를 뛰어넘는다. 만약 어떤 사람이 큰 죄를 지어 감옥에 들어가 죗값을 치렀다고 해 보자. 그가 죗값을 다 치렀다고 해도 사람들이 그를 보는 시선은 여전히 냉랭할 것이다. 그 당사자도 사회에 나아갈 때 두렵고 부끄러울 것이다. 이것이 세상의 원리이다. 그러나 회개를 통한 하나님의 용서는 그렇지 않다. 진정한 회개가 수반된다면 죄에 대한 기억 자체가 사라진다. 회개했다면 하나님은 지난날의 잘못을 기억하지 않으신다. 그러므로 아무리 죄가 가득했던 사람도 하나님의 은혜로 인해 연약함을 강함으로 바꾸어 갈 수 있다. 이것은 그리스도인만이 누릴 수 있는 영광이다.

	체크리스트	
	질문 리스트	체크란
1	회개에 대한 메시지를 들을 때 감사함으로 들을 수 있는가?	YES / NO
2	회개가 하나님의 선물이라는 사실에 동의하고 있는가?	YES / NO
3	오늘 지은 죄를 그때그때 회개하는가?	YES / NO
4	회개한 후에 같은 죄를 반복하지 않으려고 노력하고 있는가?	YES / NO
5	하나님이 벌 주실 것이 두려워 회개하는 것이 아니라, 하나님의 기쁨이 되도록 회개하고 있는가?	YES / NO
6	기도할 때마다 형식적인 회개가 아닌, 진심을 담은 회개의 시간을 갖고 있는가?	YES / NO
7	회개하면 하나님이 내 죄를 온전히 용서해 주신다는 사실을 분명히 믿고 있는가?	YES / NO
8	하나님의 은혜와 사랑을 떠올리면서 회개하고 있는가?	YES / NO
9	회개하지 않고 그냥 지나쳐 갔던 죄들도 기억날 때마다 회개하고 있는가?	YES / NO
10	회개하고 나면 정말로 죄의 짐을 벗은 것 같은 홀가분한 마음이 드는가?	YES / NO

Christian
Life Style
03

화평의 삶

히브리서 12:14~17

✚ 미완성인 나에게 필요한 라이프 스타일은?

　사람들은 평화를 원한다. 그러나 아이러니하게도 세상은 갈수록 평화와 멀어지고 있다. 국가 간의 분쟁, 나라 안의 내전뿐만 아니라, 사회 안의 다양한 공동체 안에서도 분열과 다툼이 일어난다. 심지어 가족 안에서도 평화가 깨질 때가 너무나 많다. 왜 사람들의 바람과 달리 우리는 평화와 동떨어진 삶을 살고 있는 것일까?

　많은 사람이 평화에 대해 오해하는 것이 있다. 평화는 하늘에서 그냥 뚝 떨어지는 것이라고 생각하는 것이다. 그렇게 막연한 평화만 기대하다 보니 평화를 누리기 어려울 수밖에 없다. 평화는 우리가 만들어가는 것이다. 우리가 평화를 만들기 위해 전력으로 노력할 때 평화의 현장이 만들어지고 그 안에서 행복이라는 것이 발생한다.

특히 평화를 만드는 데에 있어서 그리스도인의 의무가 중요하게 요구된다. 우리는 예수님 안에서 세상이 줄 수 없는 평화를 누리고 있고 그 평화를 파급해 나갈 수 있다.

안타깝게도 평화를 널리 퍼뜨려야 할 우리가 오히려 다툼과 분쟁에 시달릴 때가 많다. 교회 안에서만 보아도 그러하다. 하나님의 자녀가 모인 교회 안에서도 다양한 이유로 미움과 시기, 분열이 일어나고 있다. 아무리 우리가 예배를 잘 드리고 다른 사역에 최선을 다한다고 해도 평화를 누리지 못한다면 하나님이 우리의 정성을 받지 않으신다.

> "예물을 제단 앞에 두고 먼저 가서 형제와 화목하고 그 후에 와서 예물을 드리라"_마5:24

하나님은 하나님의 자녀인 우리가 먼저 서로 화합하고 평화를 누리기를 원하신다. 이제 우리는 그리스도인으로서 평화를 우리 삶의 기본적인 방식으로 삼고자 노력해야 한다.

✚ 화평의 스타일을 취하라

변화를 위한 Tip 1

평화가 그리스도인의 정체성임을 인식하라

〈마태복음〉 5장, 6장, 7장은 예수님이 산 위에서 가르친 말씀, 즉 산상수훈이다. 이중에서도 가장 대표적으로 알려진 것이 팔복이다. 팔복 중의 한 말씀이 바로 다음과 같다.

"화평케 하는 자들은 복이 있나니 그들이 하나님의 아들이라 일컬음을 받을 것임이요"_마 5:9

예수님은 하나님의 아들의 표상이 화평하게 하는 것임을 분명히 가르쳐 주시고 계신다. 이 말은 다시 바꾸어서 그리스도인이 곧 화평케 하는 사람임을 뜻한다.

그렇다면 왜 화평하게 하는 사람이 그리스도인이어야 하는가? 그 이유는 십자가 사건에서 비롯된다. 일반적으로 십자가를 생각하면 고난, 고통 등이 떠오를 수 있지만 십자가가 우리에게 본질적으로 주는 의미는 다른 데에 있다. 예수님은 왜 고난을 받으셨을까? 왜 십자가에서 고통을 당하셨을까?

고난과 고통이 십자가의 정점은 아니다. 그것을 통해서 우리에게 무엇인가 가져다주려고 하는 놀라운 은혜, 즉 선물이 있었다. 그것은 다름 아닌 하나님과 인간 사이에 화평을 이루는 것이었다. 하나님과 인간 사이에 화평이 이루어진 것뿐만 아니라 사람과 사람 사이에 화평을 이룬 사건 역시 십자가의 사건이다. 그래서 십자가로 말미암아 구원의 은혜를 입은 하나님의 자녀는 화평케 하는 자들이다.

우리가 원래 십자가의 은총으로 구원받기 이전에는 하나님의 진노를 받기에 합당한 진노의 대상이었다.

"전에는 우리도 다 그 가운데서 우리의 육체의 욕심에 따라 지내며 육체와 마음이 원하는 것을 하여 다른 이들과 같이 본질상 진노의 자녀이었더니"_엡 2:3

즉, 본래 우리는 하나님과 화목한 사이가 아니었다. 그런데 죄로 인해 불화한 사이였던 우리를 하나님과 화목하게 만들어 준 것이 바로 십자가였다. 예수님은 이를 위해 원수된 것을 십자가로 소멸하신 것이다.

"또 십자가로 이 둘을 한 몸으로 하나님과 화목하게 하려 하심이라"_엡 2:16

이러한 사실을 통해 그리스도인의 일차적인 정의는 '하나님과 화평케 된 사람'이라고도 할 수 있다. 그런데 그리스도인은 하나님과 화평케 된 이 자리에 머물러서는 안 된다. 성경은 하나님과 화평을 이루는 사람은 모든 사람과 화평을 이루는 사람이라고 가르친다.

"모든 사람과 더불어 화평함과 거룩함을 따르라 이것이 없이는 아무도 주를 보지 못하리라"_히 12:14

하나님과 화평을 이룬 사람은 모든 사람과도 화평을 이루어야 한다. 이것이 그리스도인의 신분을 나타낸다. 즉 그리스도인의 정체성이다.

그렇다면 화평이 담고 있는 의미는 무엇인가? 화평, 즉 평화라는 말은 헬라어로 '에이레네'(εἰρήνη)인데, 이 말은 우리의 어떤 자세나 동작을 뜻하는 표현이 아니라, 전쟁이 끝난 상태를 표현하는 말이다. 일반적으로 전쟁터에서는 포탄이 날아다니고 여기저기서 대포가 터진다. 상대를 죽이지 않으면 내가 죽어야 하는 아주 살벌한 현장이다.

이처럼 사람이 숨넘어가는 비명소리가 있고 모든 것이 무너지고 깨어지는 전쟁터에 갑자기 날아다니는 포탄이 멈추고, 포 소리가 정지되면서 쥐 죽은 듯이 조용한 적막함에 이르게 되면 어떠할까? '에이레네'가 바로 이러한 상태를 의미한다. 두려움과 무서움, 살벌함과 요란함, 시끄러움 등 모든 것이 정지되어 버린 가장 안정된 상태이다.

또한 〈히브리서〉 12장 14절은 말씀하고 있다.

"화평과 거룩함을 따르라"

여기서 '따르다'라는 말을 표현하고 있는 '디오코'(διώκω)는 '추격하다', '뒤쫓다', '추구하다', '열심을 다해서 노력하다'라는 뜻을 가지고 있다. 우리가 살아가는 삶의 현장은 포탄이 쏟아지는 것 같은 전쟁터이다. 이 전쟁터에서 모든 포성이 멈춘 적막의 상태, 그런 평화의 상태를 우리가 추구하고 뒤쫓아 가야 한다는 것이다. 더 나아가 그 상태를 노력해서 만들어야 한다는 것이다.

이처럼 평화는 우리에게 그냥 주어지는 것이 아니다. 평화는 우리가 만들어내는 것이다. 이러한 생각을 바탕으로 우리는 분쟁과 다툼을 일삼는 이 땅 가운데서 평화의 상태를 이루어 가야 한다. 하나님이 기뻐하시고 인정하시는 평화의 스타일을 세상에 보여 주어야 한다.

변화를 위한 Tip 2

평화가 하나님을 경험하는 비결임을 기억하라

평화의 스타일을 추구할 때마다 기억해야 할 것이 있다. 바로 '왜 하나님이 이것을 요구하시는가?'를 떠올려야 한다. 하나님이 평화를 원하시는 것은 무엇보다 우리 자신을 위해서이다. 하나님은 영적인 삶을 살아갈 때 그 삶이 빈곤하지 않고 영적으로 풍성한 삶이 되기를 원하신다.

〈히브리서〉 12장 14절은 화평함과 거룩함을 따르는 것 없이는 "아무도 주를 보지 못하리라"고 말씀하고 있다. 여기서 '보다'라는 말은 '호라오'(ὁράω)로 표현되는데, 이 단어의 의미는 '보다', '관찰하다', '살피다'이다. 그런데 또 하나의 의미는 '경험하다', '참여하다'이다. 바꾸어 말하면, 화평을 추구하지 않는 사람, 화평을 만들지 않는 사람은 주님을 경험할 수 없다는 것이다. 또한 주님의 일에 동참할 수 없다는 것이다.

그리스도인에게 있어 최고의 영광스러움은 하나님께 대한 경험이다. 이것은 세상 사람들이 경험할 수 없는 그리스도인의 최고의 특권이다. 하나님의 능력이 가득한 역사의 현장에 내가 동참하는 것이 그리스도인의 특권인데 구원받았어도 화평을 라이프 스타일로 삼고 살지 않으면 그 사람은 하나님을 진정으로 경험하지 못한다.

간혹 하나님을 경험하는 것을 중요한 일로 여기지 않는 사람이 있다. 그러나 하나님을 경험하지 못한다는 사실은 비극적인 일이다. 우리는 보통 기도할 때 사랑이 많으신 하나님, 공의로우신 하나님, 신실하신 하나님, 좋으신 하나님 등, 하나님의 성품에 대해서 말한다. 실제로 하나님은 사랑으로 우리의 인생을 감싸 주시고 공의로 정직하게 다스리시며 신실하게 약속을 이뤄 주시는 등, 우리의 삶을 풍성하게 채워 주신다.

그런데 이러한 영광은 화평을 만드는 사람이 될 때에야 가능하다. 우리 스스로가 화평을 깨뜨린다면 그러한 하나님의 성품을 경험하지 못한다. 하나님이 행하시는 일들에 참여하지 못한다. 결국 그런 삶은 영적으로 핍절한 삶이 된다.

영적인 곤궁은 물질적인 그 어떤 것으로도 채울 수가 없다. 만약 결혼 생활을 30년, 40년 하고도 "나는 아직 배우자가 어떤 사람인지 잘 모르겠어." 혹은 "그 사람을 잘 못 믿겠어."라고 말한다면 어떻게 하겠는가? 아무리 물질적으로 풍성한 집에서 살지라도 이런 상황이라면 불행한 것이다. 하물며 성도가 하나님을 경험하지 못하고 하나님이 행하시는 일에 동참할 수 없다는 것은 더 없이 불행한 일이다.

더불어 알아야 할 것은 우리가 매우 신비적인 것을 추구해야만 영적으로 풍요로운 삶을 살 수 있다고 착각한다는 것이다. 가령 성경을 많이 읽거나 예배를 자주 드리고, 예배 시간에 찬양을 뜨겁게 부르는 것 등의 노력을 해야 영적으로 풍성해진다고 생각한다.

물론 이를 통해서도 영적으로 풍성함을 누릴 수 있다. 그러나 성경은 이것이 전부가 아니라고 말한다. 오히려 우리가 간과하고 가볍게 여기는 것, 즉 '사람들과의 화평을 만들어가는 것'이 더 핵심이 될 수 있다. 예수님도 그 많은 율법을 대신할 새 계명으로 하나님을 사랑하고 이웃을 사랑할 것을 말씀하셨다. 또한 앞서 말한 대로 형제와 화목하기 전에는 예배도 드리지 말라고 하셨다. 아무리 예배를 자주 드리고 겉보기에 뜨겁게 신앙생활을 하는 것 같아도 자신의 가족이나 교회 안에서의 지체들, 그 외 다양한 공동체의 일원들에게 상처를 주고 화평하지 못한다면 하나님은 그 예배를 기뻐 받지 않으신다. 아무리 신앙생활을 열심히 하는 것 같아도 그 영혼은 궁핍해질 수밖에 없다.

성경은 더 나아가 말씀한다.

"너희는 하나님의 은혜에 이르지 못하는 자가 없도록 하고"_히 12:15

이 말씀은 화평을 만들지 않으면 하나님의 은혜에 이르지 못한다는 것을 직접적으로 말씀해 주고 있다. 우리는 교회 안에서 하나님의 은혜라는 단어를 자주 사용한다. 우리에게 굉장히 보편적이고 일반적인 단어로 여겨지고 있다고 해도 과언이 아니다. 그러나 은혜라는 단어는 세상의 그 어떤 단어로도 맞바꿀 수 없는 엄청난 가치를 가졌다. 하나님의 은혜 속에는 우리가 필요한 모든 것, 우리가 추구하는 모든 가치가 담겨 있다.

그런데 하나님의 은혜에 이르지 못하게 되면 어떻게 될까? 여기서 이르지 못한다는 것은 '제외되다', '놓치다' 등의 의미를 갖는다. 하나님의 은혜를 놓치는 것은 모든 것을 놓치는 것이다. 아직 받지 못한 것을 못 받게 된다는 것이 아니라 아무 공로 없이 이미 받은 놀라운 은혜를 잃게 된다는 사실이다. 이것은 인생에 있어 가장 큰 비극이다. 이처럼 평화, 즉 화평의 라이프 스타일은 우리가 절대로 간과할 수 없는 부분이다. 이러한 스타일을 겸비하지 못하면 우리의 신앙생활은 그대로 무너지게 되고 하나님께 인정도 받지 못하게 된다.

변화를 위한 Tip 3
내 안의 쓴 뿌리를 먼저 제거하라

평화는 우리로 하여금 건강하게 만들어 주는 보약과도 같다. 곧 화평이 깨어지면 건강을 잃게 된다.

> "너희는 하나님의 은혜에 이르지 못하는 자가 없도록 하고 또 쓴 뿌리가 나서 괴롭게 하여 많은 사람이 이로 말미암아 더럽게 되지 않게 하며"_히 12:15

여기서 괴로움을 당하는 사람이 누구인가? 그것은 다름 아닌 나 자신이다. 만약 내가 화평을 만들지 않으면 내 속에 쓴 뿌리가 자라게 되고 이것 때문에 내가 괴로움을 당하게 된다. 특히 괴로움을 당한다는 표현은 빙빙 돌아 어지러워서 몸을 가누지 못하는 상태를 일컫는다. 즉 화평이 깨져 버리면 정상적인 삶, 건강한 삶을 살지 못하게 된다.

또한 쓴 뿌리는 우리를 고통스럽게 만드는 모든 근본 원인을 말한다. 쓴 뿌리가 우리 속에 발아하기 시작하면 우리가 정상적으로 바라보지 못하도록 만들어 버린다. 내가 목적으로 삼고 지향하는 그 곳을 향해 중심을 잡고 가지 못하도록 만들어 버리는 것이다. 결국 우리로 하여금 인생에 황폐함을 가져 오게 한다.

그런데 내가 고통스러워하는 것에 끝나지 않는다. 내게 있는 쓴 뿌리는 다른 사람의 인생에도 악영향을 끼친다. 다른 사람의 인생도 오염이 되어 더럽게 한다. 빛이 되어 어두운 세상을 밝혀야 할 우리가 오히려 다른 사람들에게 악영향을 끼치게 되는 것이다. 특히 긍정적인 것보다 부정적인 것은 파급 속도가 더 빠르다. 부정은 또 다른 부정을 금방 만들어낸다. 가족 중에 한 사람이 부정적이면 그 사람으로 인해 가족 전체가 불행해지는 것과 마찬가지이다.

그러므로 우리는 쓴 뿌리 제거에 힘써야 한다. 이를 위해 모든 문제의 원인을 일차적으로 나에게서부터 찾아야 한다. 특히 오늘날 많은 사람이 '상처받았다'는 말을 습관적으로 사용한다. 조금이라도 거슬리는 말을 들으면 상처받았다면서 상대를 멀리하고 미워한다. 마치 나는 억울한 피해자인 양 생각하면서 남 탓만 한다. 그러나 아무렇지 않은 말도 나의 쓴 뿌리 때문에 나에게는 상처로 다가올 수 있음을 기억해야 한다.

화평을 이루어 가는 것은 나의 몫이다. 상대방의 의무를 생각하기 전에 나의 부족함부터 하나님 앞에 내려놓아가며 화평의 씨앗을 뿌려 보자. 그렇게 한 사람, 한 사람이 서로를 낮춰가며 그 씨앗을 뿌린다면 우리 공동체는 분명 화평의 시대를 맞이할 수 있게 될 것이다.

이제 우리는 분열과 불화를 멈추고 화평의 날을 만들어야 한다. 우리가 화평의 라이프 스타일을 통해 화평을 만드는 사람이 되면 내 안에 그리고 우리 공동체 안에 다음의 변화들이 일어나게 될 것이다.

화평의 삶이 주는 기쁨 1
하나님이 기뻐하시는 일에 본격적으로 헌신할 수 있다

내가, 혹은 내가 속한 공동체가 지금 과연 하나님이 뜻하시고 기뻐하시는 일에 기꺼이 동참하고 있는가? 만약 그렇지 못하다면 우리 안에 화평이 가득한지를 돌아보아야 한다. 그 이유는 공동체 안에 분열과 분쟁이 남아 있기 때문이다. 이것이 방해가 되어 일을 계속 그르치게 하고 또 다른 분열과 분쟁을 낳게 하고 있는 것이다.

그런데 내가 화평의 사람이 되어 분열과 분쟁을 종식시킨다면 그동안 정지되어 있던 하나님의 일을 능히 감당할 수 있게 된다. 나는 물론이고 내가 속한 공동체가 본격적으로 하나님이 기뻐하시는 일을 위해 달릴 수 있게 된다.

화평은 그냥 웃고 즐거운 상태, 안정된 상태를 만드는 것에 그치는 것이 아니다. 우리가 더 나은 상태로 나아가고, 반드시 해야 할 일을 능히 감당할 수 있는 중요한 원동력이 된다. 즉 하나님이 원하시는 공동체, 하나님께 인정받는 공동체를 만들어 나가는 것이다.

또 다른 공동체에 화평의 바람을 전하게 된다

내가 속한 공동체가 화평의 공동체가 되면 앞서 언급한 대로 보다 많은 선한 영향력을 행사할 수 있다. 이것은 분명 또 다른 누군가에게 감동을 주고 나아가 다른 공동체 전체에 귀감이 될 수 있다. 그리고 자연히 그 공동체 역시 우리의 영향력으로 인해 화평을 세워 가는 일에 동참하게 된다.

교회 안에도 많은 공동체가 있다. 한 공동체가 그 어떤 분열과 분쟁을 없애고 진정한 사랑으로 하나가 되고 평화로 서로를 감싸 준다면 이 모습은 그 자체로 간증이 된다. 그 공동체에 속한 사람들은 다른 곳에 가서도 화평의 씨앗을 전하게 되고 그 씨앗은 새로운 공동체에 싹을 틔우게 된다. 교회뿐만이 아니라, 가정에서도 학교나 직장에서도 마찬가지이다. 한 공동체의 화평은 예상치 못했던 감동을 선사하여 화평의 바람을 일게 할 수 있다.

무엇보다 화평을 전하는 일은 하나님의 뜻이고 하나님의 사역이다. 우리가 화평의 사람이 되고 곳곳에 화평을 세워 나가면 하나님이 함께하시고 도와주신다. 그만큼 하나님의 인도하심 아래 화평의 역사를 이루어낼 수가 있다.

체크 리스트

	질문 리스트	체크란
1	신앙생활에 있어서 화평을 예배, 기도, 봉사만큼이나 중요한 것으로 여기고 있는가?	YES / NO
2	예배드리러 가기 전에 화목하지 못했던 사람들과 화해를 하려고 노력하는가?	YES / NO
3	상대방은 아직 화평을 원하지 않아도 내가 먼저 화평을 이루려고 손을 내밀고 있는가?	YES / NO
4	공동체의 분열과 분쟁을 사라지게 하기 위해 기도하고 있는가?	YES / NO
5	화평이 내가 그리스도인임을 증거하는 중요한 요인임을 상기하고 있는가?	YES / NO
6	내 안에 있는 쓴 뿌리를 파악하고 있는가?	YES / NO
7	그 쓴 뿌리를 제거하기 위해 오늘도 노력하고 있는가?	YES / NO
8	화평을 통해 하나님을 더 많이 경험하기를 소원하고 있는가?	YES / NO
9	화평하지 못할 때 나의 책임을 먼저 떠올리고 있는가?	YES / NO
10	나는 지금 공동체 안에서 화평의 사람으로 불리거나 인식되고 있는가?	YES / NO

Christian
Life Style
04

04 사랑의 삶

고린도전서 13:1~8

✛ 미완성인 나에게 필요한 라이프 스타일은?

    40년 동안 신앙생활을 했지만 마음에는 구원의 감격도, 삶의 만족도, 참 평안도 경험하지 못한 한 여인이 있었다. 그녀에게는 교인이라는 이름이 있었고, 예배뿐만 아니라 교회에서 여러 모양으로 봉사하는 신앙의 행위와 종교적인 행위들이 있었지만, 그 안에서 아무런 감격도 느끼지 못했다. 이 문제를 해결하기 위해 그녀는 특별한 결단을 하게 된다. 40여 년 동안 지켜 온 모든 삶을 청산하고, 자기 자신을 좀 더 엄격한 종교적 규율에 귀속시키고 오직 경건이라는 삶에만 집중하기 위해 수녀원에 입단을 하게 된다. 그곳에서 이른 새벽시간 눈을 뜨면서부터 늦은 시간 잠자리에 들 때까지 자기 자신을 계속적으로 훈련하고 연단하고 가혹하리만큼 엄격한 종교적 계율에 자기 자신을 세워 보았다.

그럼에도 불구하고 그녀의 삶은 여전히 변화가 없었고, 참된 마음의 안식을 누리지 못했다. 그러던 어느 날, 수녀원 복도 한편에 있던 그림 한 점을 보면서 그녀의 인생이 바뀌기 시작했다. 그 그림은 헤롯의 뜰에서 채찍을 맞으시는 예수 그리스도의 모습이었다. 예수님의 시선에 그녀의 마음이 부딪히는 순간, 마음속에는 지금까지 경험하지 못했던 평안이 몰려왔다.

그녀가 그날 깨달은 것은 바로 '사랑'이었다. '그래, 하나님이 저렇게 나를 사랑하셔서 예수 그리스도가 채찍에 맞으면서도 사랑한다는 시선을 나에게 보내시는구나.' 예수님의 시선에서 하나님의 사랑을 발견한 그녀는 사랑이 내 인생을 행복하게 만들고 삶의 의미를 가져다줌을 깨닫게 되었다. 그리고 수녀원의 높은 담벼락을 뛰쳐나와 일생을 하나님의 사랑을 누리고 자신이 받은 하나님의 사랑을 전하는 일에 쏟게 된다. 이후 빈민촌에서 예수 그리스도의 사랑을 나누는 것으로 일생을 마감하게 된 그녀의 이름은 이 시대의 거룩한 어머니라고 불리는 '마더 테레사'이다.

우리는 그녀의 모습을 통해 삶을 돌아볼 수 있어야 한다. 지금 우리도 열심히 신앙생활한다고 하면서 진정한 기쁨과 평안을 누리지 못하고 있지 않은가? 삶의 의미와 보람을 얻지 못하고 있지 않은가? 그녀의 과거 모습은 사랑을 발견하지 못한 인생에게 보편적으로 나타나는 모습이다. 바로 우리의 현재 모습 가운데도 그녀가 과거에 안고 있던 문제가 그대로 나타나고 있다.

안타깝게도 우리는 여전히 신앙생활의 행위에만 만족하며 현상을 유지하려고 한다. 본질을 찾지 못한 채 하나님이 주시는 행복을 누리지 못하고 있다. 우리도 그동안의 형식과 껍데기를 벗어 던지고 사랑을 붙들어야 한다. 사랑의 스타일을 고수해야 한다. 이제 사랑의 스타일로 살아가는 그리스도인이 되기 위해 꼭 기억해야 할 사실들을 살펴보자.

✚ 사랑의 스타일을 취하라

변화를 위한 Tip 1

사랑이 구원의 도구임을 명심하라

기독교인들에게는 너무나도 익숙한 〈요한복음〉 3장 16절은 하나님의 사랑에 대해서 말씀하고 있다.

> "하나님이 세상을 이처럼 사랑하사 독생자를 주셨으니 이는 누구든지 그
> 를 믿는 자마다 멸망치 않고 영생을 얻게 하려 하심이라"

여기서 하나님이 멸망하는 세상을 구원할 때 어떤 방법을 택하셨는지 분명히 언급하고 있다. 그것은 바로 '사랑'이다. 그렇다면 하나님은 왜 '사랑'이라는 방법을 사용하셨을까? 그 이유는 하나님의 본질적인 속성이 '사랑'이기 때문이다.

> "사랑하지 아니하는 자는 하나님을 알지 못하는 자니, 이는 하나님은 사

사랑은 하나님의 성품이다. 더 나아가 하나님의 본질 자체가 사랑이다. 그런 하나님은 사랑으로 사람을 구원하고, 사랑으로 세상을 다스리신다.

하나님이 사랑이시기 때문에 하나님을 사랑하는 자는 사랑의 삶을 살 수밖에 없다. 즉 사랑은 하나님을 아는 자, 하나님을 믿는 자의 라이프 스타일이 된다는 것이다. 이 사랑은 계명 중의 계명이기도 하다.

> "예수께서 이르시되 네 마음을 다하고 목숨을 다하고 뜻을 다하여 주 너의 하나님을 사랑하라 하셨으니 이것이 크고 첫째 되는 계명이요 둘째도 그와 같으니 네 이웃을 네 자신과 같이 사랑하라 하셨으니 이 두 계명이 온 율법과 선지자의 강령이니라"_마 22:37~40

말씀을 쥐어짜면 거기에서 나오는 단 한 방울의 에센스가 바로 '사랑'이다. 말씀에서는 첫째 되는 계명, 둘째 되는 계명이라 구분되어 있기도 하지만 실제로 하나님을 사랑하는 것과 이웃을 사랑하는 것은 분리될 수 없는 계명이다. 이것은 '하나님을 믿고 사랑하는 자가 사랑의 삶을 살 수밖에 없다'는 것과 같은 맥락이다. 이처럼 사랑은 성도에게 절대적이다.

성도만이 아니라 이 땅을 살아가는 모든 사람에게도 사랑은 절대적으로 필요하다. 물론 세상 사람들도 사랑이 중요하다고 생각해서

인지 많은 노래와 글, 영화나 드라마를 통해서 사랑을 표현한다. 그러나 안타깝게도 사랑을 말하며 사랑의 홍수 시대에 사는 것 같지만 사랑은 오히려 더 희귀해지고 있다. 예전에는 이웃을 사촌이라고 부를 정도로 서로 사랑하는 삶이었는데 요새는 완벽한 남남이 되어 살아가고 있다. 과거의 어른들은 먼 거리를 떠날 때 우리 집을 이웃에게 부탁할 정도였는데 지금은 이런 행동은 상상도 할 수 없다. 어디를 가는지 인사도 하지 않고 떠나는 것이 당연하게 여겨지고 있다. 부모와 자식 사이에도, 부부 사이에도 과거에는 무조건적인 사랑뿐이었다. 그 어떤 것으로도 계산하여 풀어낼 수 없는 헌신적이고 희생적인 사랑이었다. 그 사랑이 가족이라는 끈을 지탱하게 만들어 주었고, 그 사랑이 우리에게 가정을 지켜낼 수 있는 윤활유가 되었다. 그러나 이제는 가족 간의 사랑도 계산적이 되어 가고 있다. 부모와 자식 사이에도 내가 얼마나 너를 주었으니 너도 내게 얼마를 줘야 한다고 말할 정도이다. 남편과 아내 사이에서도 계산을 하며 내게 유익이 되는지 안 되는지를 따질 때가 많다.

이런 세상에서 우리는 더욱 하나님의 사랑을 덧입고 진정한 사랑을 보여 주어야 한다. 계산을 초월하고 누군가를 살리는 그 사랑을 보여 주어야 한다. 사랑에 눈 뜰 때 인생에 의미를 깨닫게 되고 삶의 만족과 평안을 누릴 수 있다. 그것은 하나님이 세상에서 사람을 구원하실 때 사용하셨던 방법, 즉 사랑이기 때문이다.

하나님이 온 우주 만물을 만드시고 그 가운데 사람을 두시고 그 인생을 원래 창조의 목적대로 다시 구원하실 때, 하나님은 법이나 제도로 그 일을 이루지 않으셨다. 오직 사랑으로 사람을 구원하고 세상을 회복시키셨다. 우리 역시 사랑을 누리고 실천할 때 사람으로서 사람답게 살 수 있다.

사랑의 가치를 인정하라

오늘날 우리가 사랑을 하지 못하는 이유 중 하나는 사탄의 무서운 공격과 세력 앞에서 우리의 눈이 어두워져 버렸기 때문이다. 사랑이 무엇인지를 보지 못했고, 사랑이 무엇인지를 알지 못하는 까닭에 사랑을 실천하지 못하는 삶을 살고 있다. 그리스도인의 라이프 스타일이 사랑이어야 한다면, 이 사랑이 무엇인지 분명히 알아야 할 텐데 그 사랑이 곡해되어 인식되고 있다.

사람들은 아무리 바쁘고 힘들어도, 자기가 가치 있다고 생각하는 일에는 시간을 내고 자기의 전부를 투자한다. 반대로 덜 가치 있다고 생각하는 것은 미루고 내팽개치게 된다. 오늘날 사랑을 실천하지 못하는 것도 사랑이 얼마나 가치 있는지 알지 못하기 때문이다. 사랑의 가치를 절하하고 있기 때문에 부모를 버리는 일이 생기고 자식을 방치하는 일이 생기는 것이다.

성경은 사랑의 가치가 얼마나 대단한지를 분명하게 보여 주고 있다.

"내가 사람의 방언과 천사의 말을 할지라도 사랑이 없으면 소리 나는 구리와 울리는 꽹가리가 되고 내가 예언하는 능력이 있어 모든 비밀과 모든 지식을 알고 또 산을 옮길만한 모든 믿음이 있을지라도 사랑이 없으면 내가 아무것도 아니요 내가 내게 있는 모든 것으로 구제하고 또 내 몸을 불사르게 내줄지라도 사랑이 없으면 내게 아무 유익이 없느니라"_고전 13:1~3

사랑이 없다면 아무것도 아니고, 아무 유익도 없고, 내 존재도 아무런 가치를 가지지 못한다는 것이다. 이 말씀이 기록되었던 초대교회 당시에는 말 잘하는 사람, 대중들 앞에서 웅변을 잘하는 사람들이 존경받곤 했다. 그런 사람들은 하늘에서 내려진 사람이라고 인식될 만큼 아주 높은 평가를 받았다. 그래서 그 시대 사람들의 삶의 방향들을 일러주고 그 시대 사람들의 마음을 모아가는 역할을 했다.

그러나 그렇게 말을 잘해서 존경을 받더라도 사랑이 없다면 울리는 꽹과리에 불가하다. 더 나아가 예언의 능력, 삶을 옮길 만한 믿음 등, 영적 생활로 충만하더라도 사랑이 없다면 무의미한 것이 된다.

특히 이 말씀을 더 잘 이해하기 위해서는 당시 고린도교회의 배경을 살펴볼 필요가 있다. 그 시절 고린도교회는 하나님의 은혜를 많이 받은 교회였고, 하나님의 은사가 풍성하게 나타났다. 그러나 문제 역시 많았고 은사와 관련한 문제도 나타나기 시작했다. 교인들은 하나님의 선물로 받은 각양의 은사를 가지고 서로를 경쟁하기 시작했고, 그 은사를 가지고 자기를 자랑하는 자리에 서기 시작했다. 심지어 다른 사람을 판단하고 비판하는 일에 이들이 열심일 정도였다. 그래서 〈고린도전서〉 12장에서 은사에 관한 언급이 계속 등장하고 12장 마지막 절에서 다음과 같이 말씀하고 있다.

"너희는 더욱 큰 은사를 사모하라 내가 또한 가장 좋은 길을 너희에게 보이리라"

교인들이 은사를 가지고 자신을 자랑하고 남을 비판하곤 했는데,

가장 좋은 은사는 따로 있다고 전하는 것이다. 그러고 나서 바로 13장에서 사랑에 대해 전하고 있다. 결국 가장 큰 은사는 사랑이라는 것이다. 교회 안에서 성경을 몇 십 번 읽었고, 사십 일 금식기도를 몇 번을 했고, 병 고침의 은사나 예언의 은사가 있다고 해도 그것은 사랑보다 못하다. 사랑은 모든 영적인 은사보다 우선한다. 그러므로 삶의 모든 것의 기초가 사랑임을 기억해야 하고 교회 안에서 이루어지는 사역과 섬김이 사랑을 앞서지 않도록 주의해야 한다.

변화를 위한 Tip 3

사랑을 구체적으로 실천하라

사랑을 우리 스타일로 삼고 살려면 사랑의 가치를 알아야 될 뿐만 아니라, 사랑의 성경 역시 제대로 이해할 수 있어야 한다. 사랑이란 과연 어떤 것일까? 물안개 피는 이른 아침에 한적한 호숫가에서 사랑하는 연인과 함께 그윽한 눈빛을 주고받는 것이 사랑일까? 많은 사람이 사랑을 굉장히 환상적이고 추상적으로 생각할 때가 많다. 즉 구체적으로는 사랑이 어떤 것인지 잘 설명하지 못한다.

놀랍게도 성경은 사랑이 그렇게 추상적이고 막연하지 않음을 분명하게 가르치고 있다.

> "사랑은 오래 참고 사랑은 온유하며 시기하지 아니하며 사랑은 자랑하지 아니하며 교만하지 아니하며 무례히 행하지 아니하며 자기의 유익을 구하지 아니하며 성내지 아니하며 악한 것을 생각하지 아니하며 불의를 기뻐하지 아니하며 진리와 함께 기뻐하고 모든 것을 참으며 모든 것을 믿으며 모든 것을 바라며 모든 것을 견디느니라"_고전 13:4~7

많은 내용이 등장하지만 하나씩 살펴보면 우리의 삶과 동떨어져 있는 부분이 아니다. 우리의 일상과 직접적으로 연관되는 내용들이다. 이 세상을 살아가는 우리에게 아주 실질적이고 명확하며 구체적인 사항을 알려 준다. 그러므로 사랑을 그저 모호하게만 인식하면서 실천에 대한 사항을 외면하지 말아야 한다. 성경이 제시해 주는 사랑의 모습들을 확인하면서 우리 삶에 현실화시켜야 한다.

안타깝게도 대부분의 사람은 사랑이라고 하면, 대단한 행위적인 것들을 생각한다. 가령 아내를 사랑하는데 그 사랑을 보여 주려면 엄청난 행위를 통해 증명해야 한다고 생각한다. 값비싼 선물을 사 주는 등 세상적인 시각에서 행위를 보여 주려고 한다. 그러나 아내에게 보여 주어야 할 것은 성품적인 것이다. 말씀에 나온 대로 온유하고 시기하지 않고 자랑하지 않고 오래 참는 것 등으로 아내를 위하는 것이 진정한 사랑의 모습이다.

또한 사랑은 감정적인 것만이 아니다. 사랑에는 우리의 의지적인 결단이 수반된다. 온유하고 시기하지 않고 참는 것 등은 단지 감정적인 표현이나 감정에 휘둘려서 나타날 수 있는 행위가 아니다. 의지를 통해 결단을 해야 나타날 수 있는 것들이다.

이처럼 사랑은 아름다운 노래 한 곡으로 끝나는 것이 아니다. 한 편의 시를 읊는 것으로 끝나지도 않는다. 또한 감정에서 북받쳐 오르는 고백만으로도 부족하다. 의지를 통해 실천으로 이어질 수 있는 것이 진정한 사랑이다.

이제 그 어떤 것보다 가치 있는 사랑이 내 삶 가운데서 구체적으로 나타나야 한다. 이러한 사랑의 라이프 스타일을 갖추게 되면 이전에 경험하지 못했던 것들을 누리게 된다.

사랑의 삶이 주는 기쁨 1

유통기한이 없는 복을 누린다

사람들은 사랑에 유통기한이 없다는 사실을 잘 알지 못한다. 사랑은 어느 한 순간에 우리의 감정이 꽃피는 것 정도로만 생각하고, 어떤 사건과 상황 속에서 일어나는 감정의 충동이라고만 생각한다. 그래서 사랑을 한다고 하면서도 얼마 못 간다고 생각하고 실제로 지속되지 않는 사랑을 경험하며 산다. 그러나 성경은 사랑이 영원하다는 것을 분명하게 말씀한다.

"사랑은 언제까지나 떨어지지 아니하되 예언도 폐하고 방언도 그치고 지식도 폐하리라"_고전 13:8

모든 것이 다 제한적이고 한시적이지만 사랑은 영원하다는 것이다. 뿐만 아니다.

"그런즉 믿음 소망 사랑 이 세 가지는 항상 있을 것인데, 그중에 제일은 사랑이라"_고전 13:13

영원한 사랑의 가치를 다시 한 번 강조하고 있다. 이처럼 유통기한이 없는 영원한 사랑은 그 어떤 것보다도 위대하다. 실제로 믿음도 귀하고 소망도 귀하지만 천국에 가고 난 후에는 이것이 필요 없다. 하나님 나라를 소망하며 살았는데 하나님 나라에 왔으니 더 이상 소망이 필요 없고, 하나님을 믿고 신뢰하며 살았는데 하나님 곁에 영원히 살게 되었으니 더 이상 믿음생활을 할 필요도 없는 것이다. 그런데 그런 천국에서도 사랑은 유지된다.

그러한 사랑을 붙들고 라이프 스타일로 삼는다는 것은 가장 귀하고 영원한 것을 붙드는 삶이 된다. 오늘날 많은 사람이 매우 일시적인 것에만 목숨을 걸고 산다. 그래서 소중한 사람들도 외면한 채 앞만 보고 달려간다. 그러다가 원하는 것을 다 이루고 나면 허무함을 느끼면서 괴로워한다.

특히 그 과정에서 사랑하는 가족과 친구를 외면하게 되면 그만큼 훗날에 이르렀을 때 고통을 겪게 된다. 잠시 잠깐뿐인 것에 마음을 빼앗기지 말고 사랑을 위해 나아가자. 세상이 말하는 조건적이고 일시적인 감정에만 치우친 사랑이 아닌, 〈고린도전서〉에서 보여 주는 바대로 실제적이고 구체적인 사랑을 이어가자. 그런 사랑을 삶의 방식으로 삼으면 영원한 것을 위해 에너지를 쏟는 값진 삶이 된다.

사랑의 삶이 주는 기쁨 2

참된 만족을 얻는다

오늘날 많은 사람이 추구하는 것은 대부분 이기적인 것이 많다. 학생들은 공부를 열심히 하고, 사회생활을 시작한 어른들은 성공을 위해 달려가지만 대부분의 노력은 결국 남을 누르고 내가 무엇인가를 획득하는 것으로 귀결되곤 한다. 그래서 그 가운데서 피 튀기는 경쟁을 하게 되고 그 경쟁에서 지면 괴로워한다. 그리고 그 경쟁에서 이겨 내가 원하는 것을 이루었다고 하더라도 더 나은 경지에 이르지 못해 안달하며 만족하지 못한다. 남을 누르고 얻으려는 것, 남의 높은 자리에 내가 들어가려고 하는 것들은 겉보기에는 지위와 명예를 안겨 주는 듯하지만 막상 그곳에 이르러도 참된 기쁨과 행복을 누릴 수 없다.

그러나 사랑으로 이루어 가는 것들은 진정한 만족을 안겨 준다. 사랑으로 이루어 가는 것은 하나님께서 기뻐하시는 일이고 그 가운데서도 늘 개입하신다. 그래서 사랑을 베푸는 것은 결과만이 아니라 그 과정 자체가 만족이다. 사람은 사랑의 삶을 살 때, 사랑에 대한 깨달음이 주어질 때, 사랑을 붙들고 살 때, 참된 만족, 참된 안식, 참된 행복을 누릴 수 있다.

	질문 리스트	체크란
1	신앙적 형식을 지키는 것보다 누군가에게 사랑을 베푸는 것을 더 중요하게 여기고 있는가?	YES / NO
2	무조건적인 사랑을 베풀어 본 적이 있는가?	YES / NO
3	우리를 무조건적으로 사랑하신 하나님의 마음을 묵상하고 있는가?	YES / NO
4	그 어떤 은사보다도 사랑이 더 중요함을 인정하고 있는가?	YES / NO
5	사랑의 은사를 달라고 간절히 기도하고 있는가?	YES / NO
6	그 어떤 것보다도 사랑은 영원한 가치를 가지고 있음을 인정하는가?	YES / NO
7	〈고린도전서〉 13장에 나온 사랑의 구체적인 모습을 실천하려고 노력하는가?	YES / NO
8	아직 사랑을 전하지 못한 내 주변 어떤 사람들에 대해서 마음의 부담을 가지고 있는가?	YES / NO
9	사랑을 받는 것보다 사랑을 주는 것에 더 많은 관심을 가지고 있는가?	YES / NO
10	살아가면서 이 세상을 사랑하시는 하나님의 역사를 느끼고 있는가?	YES / NO

Christian
Life Style

05

희망의 삶

고린도후서 1:8~11

✚ 미완성인 나에게 필요한 라이프 스타일은?

모리 슈워츠라는 유대인 교수는 루게릭병을 앓으면서 서서히 죽어 가고 있었다. 루게릭병이란, 근위축성 측색 경화증, 대뇌로부터 척수에 있는 운동신경세포가 사멸되어 가는 병이다. 그렇게 죽음을 앞둔 그는 화요일마다 기자생활을 하고 있던 자신의 제자를 만나 대화를 나누었다. 그 대화 내용들을 묶어 놓은 것이《모리와 함께한 화요일》이라는 책이다. 그 책 안에는 죽음을 앞둔 사람이 가진 여유가 나타나 있다. 친구에게 장례 집례를 부탁하면서 화장을 할 때 너무 오래 태우지 말라고 하거나, 제자에게 나무 아래 묻혀서 주변의 자연을 만끽하며 푹 쉬겠다고 말하는 등 인생의 최고 절망적인 상황 앞에서도 너스레를 떨었던 것이다.

그리스도인의 삶이 바로 이러해야 한다. 죽음이라는 절망스러움 앞에서도 천국이 있기 때문에, 영생을 얻은 자이기 때문에, 성령이 있기 때문에 여유를 가져야 한다. 그러나 오늘날 우리의 현실은 어떠한가? 죽음과 같은 절망이 찾아오지 않았을지라도, 우리는 여러 모양의 절망 앞에서 여지없이 무너지고, 정신을 차리지 못한다. 우리의 신분과 위치 그리고 삶의 목적과 소망이 사정없이 흔들린다.

성경 66권은 그 어디에도 우리에게 어떤 상황 앞에서도 두려워하라고 말한 적 없고, 절망하거나 무너지라고 말한 적이 없다. 심지어 죽음 앞에 이를 때도 하늘에 소망을 가지라고 말했다. 그러므로 절망은 우리에게 어울리지 않는다. 그리스도인의 라이프 스타일이 될 수 없다. 어떠한 절망적인 현실 앞에서도 절망에 갇혀 사는 삶이 아니라 그곳에서 희망을 꿈꾸며 내일을 기대하며 미래를 소망하는 삶을 살아야 한다. 이것이 그리스도인의 라이프 스타일이어야 한다.

✚ 희망의 스타일을 취하라

변화를 위한 Tip 1

절망을 숨기려고 하지 마라

절망은 이 시대를 살아가는 사람 모두에게 낯선 것이 아니다. 우리에게는 거의 매일 크고 작게 절망스러운 일이 찾아온다. 어쩌면 절망은 우리에게 굉장히 친숙한 친구처럼 곁에 와 있는지도 모른다. 건강 때문에 절망하는 사람이 있고, 취업 때문에 절망하는 사람이 있고, 개인적인 약점과 허물 때문에 절망하는 사람도 있다. 그런데 절망은 이 시대에 살고 있는 우리에게만 친숙한 것이 아니다.

2천여 년 전 시대를 살았던 사도 바울도 절망은 아주 친숙한 친구였다. 그는 살 소망을 잃을 정도로 절망스러웠다고 고백한다.

> "형제들아 우리가 아시아에서 당한 환난을 너희가 모르기를 원하지 아니하노니 힘에 겹도록 심한 고난을 당하여 살 소망까지 끊어지고"_고후 1:8

바울은 하나님께로부터 받은 능력 있는 삶을 살았고 하나님의 손에 붙들려서 위대한 사역을 감당했던 사도이다. 그런 바울에게도 처절한 절망의 상황, 참혹한 절망의 현실이 찾아왔던 것이다. 이처럼 절망은 나에게만 찾아오는 것은 아니다.

그런데 누구에게나 찾아올 수 있는 절망 가운데서 우리는 정작 절망의 현실을 숨기거나 외면하려고 할 때가 많다. 특별히 한국 사람들에게 이런 문화가 많이 나타난다. 자신의 감정을 솔직히 드러내지 않는 것을 미덕이라고 생각하는 경향이 있어서 안 그런 척, 모르는 척, 괜찮은 척하면서 산다. 이처럼 감추는 문화에 익숙하다 보니 자신의 절망적인 현실을 인정하고 받아들이고 그것을 드러내지 않는다.

또한 체면문화 때문에 일부러 감추는 경우도 많다. 안으로 자꾸만 숨기고 덮어 놓거나 그렇지 않은 척하게 되면 상처는 더 깊어진다. 상처를 드러내지 않기 위해 자신을 꽁꽁 싸매는 동안 절망은 희망으로 바뀔 복음의 기회도 얻지 못하게 한다. 열등감이 많은 사람 역시 이 부분에서 더 약한 모습을 보인다. 자신의 상황을 드러내면 무시당할 수 있다는 생각 때문에 더 감춘다. 결국 모든 사고의 체계가 점점 더 열등하게, 점점 더 폐쇄적으로 일그러져 간다. 그렇게 삐뚤어지게 형성이 된 모습으로 인해 결국은 무너지게 되고 그 인생은 헤어나지 못하게 된다.

드러낼 때만이 새로운 기회를 얻을 수 있고, 희망의 출발선에 설수 있다. 바울에게도 절망이 찾아왔듯이 절망은 절대 수치스럽거나억울한 것이 아니다. 사실 사도 바울도 절망스러운 상황 앞에서 '나는 위대한 사도야. 그런 나는 아시아에서 당한 이런 일로 절망하지않아. 뭐 그쯤이야 견딜 수 있어 난 기도하는 사람이니까. 난 능력 있는 사람이니까. 난 성경을 꿰고 있으니까.'라고 생각하며 그냥 덮어버릴 수 있다. 그러나 바울은 그렇게 생각하지 않았고 자기를 솔직하게 드러냈다. 자기가 당한 현실을 인정하며 고백했다. 숨기거나억지 주장으로 포장하지도 않았다. 이것이 건강한 것이다. 저마다모양과 색깔과 처해 있는 형편은 다르겠지만 절망이 찾아올 때마다현실을 인정하고 수치나 부끄러움이 아님을 기억해야 한다. 절망의상황을 드러낼 때 희망도 시작된다.

변화를 위한 Tip 2

내려놓음으로 절망을 다루라

일반적으로 사람들은 절망적인 상황에 처하면 일차적으로 발버둥을 친다. 내 힘으로 해결해 보기 위해서이다. 자기가 노력해도 해결할 수 없음을 너무나 잘 알면서도 수단과 방법을 가리지 않고 발버둥을 친다. 물론 노력이 모여 해결이 될 수 있다면 열심히 노력해야겠지만, 내 힘으로 해결이 불가능하다면 발버둥을 친들 무의미해진다. 그러다 보면 사람은 점점 더 비참해질 뿐이다. 심지어 노력해도 안 되면 이성을 잃어버리게 된다. 인생은 더 황폐해지기까지 한다. 결국 여기서 발버둥을 치던 것이 나중에는 전혀 다른 곳에 가서 이상한 모습을 드러내게 된다.

뱉는 언어들도 점점 더 독하고 강퍅해진다. 생각하는 것이 비상식, 비이성적이고 인생 자체가 처절하고 불행해진다. 그러다가 극단적인 방법으로 포기를 선언하게 된다. 어떤 사람은 속세를 떠나 버리겠다고 하고, 어떤 사람은 도피해 버리겠다고 한다. 심지어 자살을 선택하는 경우도 있다. 그렇게 되면 모든 것이 파괴된다. 나 자신은 물론이요, 나의 가정 역시 다 무너지고 만다. 이것이 자기 힘으로 해결하려고 발버둥을 쳤을 때 이르게 되는 마지막 종착지이다.

절망을 희망으로 바꾸기 위해서 상황을 정직하게 인식하고 드러냈다면 그다음으로 할 일은 내려놓는 것이다. 바로 내 힘으로 해결하려고 발버둥을 치지도 않고 우리 자신을 완전히 내려놓는 것이다. 이것은 포기하고 주저앉으라는 것이 아니다. 나를 내려놓는 것은 하나님만 온전히 의지하는 것이다. 그리할 때 우리는 희망의 기회를 잡을 수 있다. 사도 바울은 9절에서 "우리는 우리 자신이 사형선고를 받은 줄 알았으니 이는 우리로 자기를 의지하지 말고 오직 죽은 자를 다시 살리시는 하나님만 의지하게 하심이라"고 전한다.

성경은 이처럼 더 이상 해결 방법이 없다고 여겨질 때, 끝이다 싶을 때가 자신을 다 내려놓고 하나님을 찾아야 할 때라고 가르치고 있다. 그러므로 절망의 현실이 우리에게 찾아온 것은 하나님이 우리로 하여금 하나님만 의지하라는 사인이라고 할 수 있다. 즉, 나 자신을 의지해서는 안 되고 나 혼자 몸부림쳐도 안 된다. 죽음에서 우리를 살리신 그 하나님만 바라보며 의지할 때임을 기억하며 하나님 앞으로 나아가야 한다.

실제로 처절한 절망 가운데 있었던 바울은 하나님을 의지함으로 절망을 희망으로 바꿀 수 있었다.

> "그가 이같이 큰 사막에서 우리를 건지셨고 또 건지실 것이며 이 후에도
> 건지시기를 그에게 바라노라"_고후 1:10

이전에 우리를 건지신 하나님은 오늘도, 내일도 우리를 건지심을 확신한 것이다. 그렇게 바울이 하나님을 의지하자 절망은 희망으로 바뀌게 된다. 절망이 희망으로 바뀌는 것은 오랜 시간을 필요로 하지 않는다.

환경과 상황은 그대로여도 하나님만 의지하면 한 번에 절망에서 희망으로 옮겨질 수 있다. 바울은 이러한 놀라운 진리를 우리에게 가르쳐 주고자 한 것이다. 나 자신을 붙들면 희망이 사라지지만 하나님을 붙들면 절망이 사라진다. 또한 절망의 순간은 우리가 무너지는 순간이 아니라, 새로운 희망을 갖게 하는 인생의 새로운 기회가 된다. 이처럼 그리스도인에게 절망은 인생의 종점이 아니라 새로운 희망의 출발선이다.

최고의 도움인 '기도'를 요청하라

많은 사람이 나를 내려놓고 하나님만 의지한다는 말과 사람에게 어떤 도움을 요청한다는 말을 상반된 것으로 이해한다. 그러나 이것은 분명한 오해이다. 하나님을 의지하는 사람이 사람에게 도움을 청하면 안 된다고 성경은 가르치지 않는다. 오히려 사도 바울은 〈고린도후서〉 1장 11절에서 증거한다.

> "너희도 우리를 위하여 간구함으로 도우라. 이는 우리가 많은 사람의 기도로 얻은 은사로 말미암아 많은 사람이 우리를 위하여 감사하게 하려 함이라"

그런데 여기서 중요한 것은 하나님께 간구함으로 우리를 도우라고 말했다는 것이다. 기도의 도움을 청한다는 것은 하나님을 신뢰한다는 아주 적극적인 표현이다. 하나님을 신뢰하기에 기도가 소중한 것을 아는 것이고 다른 지체에게 함께 기도해 줄 것을 청하는 것이다. 분명 기도는 하나님의 은혜를 얻는 수단이고, 이 기도는 하나님 앞에서 감사할 일들을 만들어 내는 무기가 된다. 즉, 기도는 절망을 이기는 능력이 된다.

그러므로 서로 하나님을 의지하며 기도해 주는 것이 필요하다. 우리가 사람에게 도움을 청하고, 기도를 요청하는 것은 하나님을 의지하는 것과 상반된 것이 아니다. 특히 하나님은 기도로 서로 중보하고 도움을 주고받도록 우리에게 영적 공동체, 교회를 허락하셨다.

그런데 이때 조심해야 할 것은 건성으로 기도의 도움을 청하고 건성으로 기도 약속을 해서는 안 된다. 오늘날 교회 안에서 '저를 위해 기도해 주세요'나 '기도해 줄게요', '중보해 줄게요'와 같은 말이 흔히 사용된다. 이때 정말로 기도의 소중함과 절박함 때문에 부탁을 하는 것이 아니라, 그냥 형식적인 표현으로 하는 경우가 있다.

또한 기도해 주겠다는 말 역시 의례적으로 하는 인사치레인 양 여기며 언급할 때가 있다. 실제로 말은 그렇게 하면서 정작 기도를 하지 않는 경우도 많다. 혹은 건성으로 지나가듯이 기도해 주는 경우도 있다.

우리는 기도가 얼마나 소중하고 얼마나 큰 무기가 되는지를 믿고 진심으로 부탁하고 함께 기도해 줄 수 있어야 한다. 이렇게 기도의 위력을 믿고 상대를 사랑하는 마음으로 중보한다면 절망 가운데서도 빛을 볼 수 있게 될 것이다. 분명 기도는 남을 도울 수 있는 가장 쉬운 수단임과 동시에 남을 돕는 가장 정확한 방법이다.

✚ 변화된 라이프 스타일이 주는 기쁨

우리에게는 절망을 희망으로 바꿀 수 있는 무기가 있다. 절망은 우리와 어울리지 않으며 희망이 우리의 라이프 스타일이 되어야 한다. 이러한 라이프 스타일이 가져다주는 변화들을 살펴 보자.

하나님의 사람들과 더 친밀한 관계가 형성된다

절망은 나를 폐쇄되게끔 한다. 절망 중에 있으면 사람들과 만남을 꺼리게 된다. 심지어 하나님께 기도하기도 싫어진다. 그러나 희망을 라이프 스타일로 삼게 되면 어떤 상황에서도 포기하지 않고 새롭게 나아갈 길을 찾게 된다. 그래서 환경은 비록 암담하지만 웃음을 잃지 않게 되고 그로 인해 보다 많은 사람에게 감동을 줄 수 있다. 그런 사람에게는 더 많은 사람이 위로와 격려를 건네게 된다. 하나님은 이렇게 하나님의 사람을 통해서도 위로를 건네시는데 이것은 희망의 의지가 있는 사람에게야 효력이 있는 것이다.

또한 절망 가운데서 희망으로 나아가기 위해 서로에게 기도를 부탁하고 마음을 나누다 보면 보다 긴밀한 관계를 형성할 수 있다. 특히 기도로 나아가는 그 관계는 영적인 가족과도 같은 관계이다. 그러므로 나중에 상대방이 어려움에 처했을 때도 내가 위로와 희망의 끈이 되어 줄 수 있다.

어떤 상황에서도 꿋꿋함을 잃지 않게 된다

2014년 4월, 진도 앞바다에 세월호가 침몰하는 끔찍한 사고가 일어났다. 많은 부모가 자녀의 죽음으로 인해 마음에 말할 수 없는 고통과 절망을 경험했다. 그런데 희생자의 부모 중에는 안산명성교회를 관리집사로 섬기는 양봉진, 백영란 집사 부부도 있었다. 부부 집사의 아이는 단원고등학교의 2학년 2반의 반장인 양온유 양이었는데, 사고가 났다는 소식을 들은 부모는 이런 마음을 가졌다고 한다. '우리 딸은 아마 탈출하지 않았을 거야. 아마 그 배 속에 갇혀서 죽었을 거야.' 그 이유는 다음과 같았다. '우리 딸은 늘 분명한 구원의 확신을 갖고 있었고, 나보다는 남을 더 잘 섬기려는 삶을 살았기 때문에 자기 먼저 살려고 뛰쳐나오지 않았을 거야.' 그러면서 아주 담담하게 딸이 죽었다는 사실을 받아들였다. 심지어 절망의 상황을 이겨내기 위해서 기도의 장소가 필요하다며 실종자 가족이 머무는 곳에 기도의 처소를 마련하자고 하기까지 했다.

그 이후에도 여러 인터뷰를 통해 '우리는 천국의 소망이 있기 때문에 이 죽음을 절망이라고 생각하지 않고 또 다른 희망으로 맞이한다.'면서 꿋꿋한 태도를 보여 주었다. 사실 소중한 딸을 잃는 것은 너무나 큰 슬픔이었을 것이다. 인생에 있어 가장 큰 아픔과 절망이었음에 틀림없다. 그럼에도 그 부부 집사는 희망의 모습으로 꿋꿋함을 보여주었고 많은 사람에게 감동과 깨달음을 안겨 주었다.

바로 이것이 희망의 라이프 스타일을 가진 그리스도인이 보여 줄 수 있는 삶이다. 우리도 그 부부 집사처럼 하나님에 대한 신뢰와 천국에 대한 소망이 있으면 분명히 절망을 희망으로 이겨내는 꿋꿋함을 가질 수 있을 것이다. 그리고 그 가운데서 보다 많은 사람에게 하나님을 전할 수 있을 것이다.

	질문 리스트	체크란
1	절망이 찾아왔을 때 그것을 인정하고 받아들이는가?	YES / NO
2	나에게 찾아온 절망의 문제를 정직하게 하나님께 털어놓는가?	YES / NO
3	죽음도 우리에게는 희망이 될 수 있음을 믿는가?	YES / NO
4	절망 앞에서 나의 욕심을 과감히 내려놓는가?	YES / NO
5	절망 가운데서 기도가 큰 무기가 될 수 있음을 인정하는가?	YES / NO
6	힘든 상황에 있을 때 누군가에게 기도를 부탁하는가?	YES / NO
7	누군가가 희망을 다시 얻도록 진심으로 기도해 준 적이 있는가?	YES / NO
8	하나님 안에서는 절망이 반드시 희망으로 바뀔 수 있음을 믿는가?	YES / NO
9	천국에 대한 소망이 일상 가운데서도 나에게 희망을 안겨 주는가?	YES / NO
10	나는 내가 속한 공동체에 희망을 안겨 주는 사람인가?	YES / NO

Christian
Life Style
06

회복의 삶

롯기 1:19~22

✚ 미완성인 나에게 필요한 라이프 스타일은?

　구원에 대해서 바로 알기 위해서는 〈창세기〉 1장에서 하나님이 천지를 만드신 창조의 기록으로부터 살펴보아야 한다. 하나님이 원래 창조하신 그 목적대로 인간을 회복시키는 것이 바로 구원이기 때문이다. 그래서 구원은 회복이라는 단어로 바꾸어 놓을 수 있다. 또한 신앙생활은 바로 이러한 회복의 삶을 사는 것이다. 하나님께서는 우리의 신분을 회복하셨고 더불어 우리가 하나님이 원하시는 대로 살아가기를 원하신다. 곧 우리가 구원받은 자로서 삶을 산다는 것은 회복의 삶을 산다는 것과 일맥상통한다.

　그렇다면 회복의 진정한 의미는 무엇인가? 우리가 회복해야 할 것은 한마디로 하나님과의 관계이다. 범죄로 인해 인간은 하나님과의 관계가 깨졌고, 이후 하나님과 단절된 삶을 살게 되었다. 더 나아가 하나님과 대적의 관계에 놓이게 되었다. 그런데 하나님께서는 놀라운 은혜로 그 관계를 회복시켜 주셨고 하나님의 원수였던 우리가 하나님의 자녀가 되었다.

이렇게 하나님의 자녀로 회복이 되었다면 존재에 걸맞도록 우리의 삶 역시 회복되어야 한다. 즉 범죄로 인해 상실했던 에덴에서의 삶이 회복되어야 한다.

안타깝게도 우리는 회복의 삶에 대해서는 관심을 두지 않곤 한다. 과연 지금 우리는 회복의 역사에 대해 얼마나 많은 간절함을 가지고 있는가? 많은 사람이 지금 이대로의 삶이 좋다며 하나님이 우리에게 베풀어 주고자 하시는 회복의 삶에 관심을 두지 않는다. 내가 생각한 대로 하면 삶이 나아지고 발전할 것이라고 생각할 뿐, 하나님이 열어 주시는 인생의 회복은 등한시한다.

우리는 성경을 통해 다시금 회복의 역사에 대해 배우고 그 삶을 누려야 한다. 성경은 〈창세기〉부터 〈요한계시록〉까지, 전체가 회복의 내용을 담고 있다. 하나님이 자신의 백성을 어떻게 다시 창조 때의 의도대로 회복할 것인지가 성경 전체의 내용인 것이다.

이제 그 말씀 가운데서 하나님의 뜻과 의도를 온전히 이해하고 하나님이 원하시는 회복의 스타일을 갖추는 그리스도인이 되자.

귀를 열어 하나님의 음성에 집중하라

〈룻기〉는 하나님의 말씀을 듣는 것에서부터 시작된다. 1장 19절은 룻과 나오미가 베들레헴에 가는 상황에 대해 전하고 있다. 그런데 고부가 베들레헴에 가기까지 많은 사연이 있다. 원래 나오미와 그녀의 남편 엘리멜렉은 유다 베들레헴에서 살았다. 그러나 흉년이 들자 두 아들을 데리고 모압이라는 곳으로 이민을 간다. 흉년이 들었어도 그곳에서 하나님을 찬양하며 예배하는 삶을 살아야 하는데, 환란과 시련이 찾아오자 이방인의 땅인 모압으로 가 버린 것이다. 모압은 하나님의 통치를 인정하지 않는 곳인데, 그곳으로 고스란히 터전을 옮겨 버렸다.

이후 그 땅에서 나오미는 남편과 두 아들을 모두 잃게 되고 나오미의 집은 두 며느리만 남게 된다. 그때 한 며느리는 새로운 인생을 찾아 떠났지만, 룻은 시어머니 나오미가 믿는 하나님을 함께 섬기며 남겠다고 한다. 그렇게 남은 두 여인이 베들레헴에 돌아오게 된 것이다.

이 상황은 바로 회복을 향해 나아가는 고부의 모습을 보여 준다. 즉 회복의 역사가 그 가정에 시작되고 있는 것이다. 그렇다면 이러한 회복의 역사를 이끌었던 것은 무엇인가? 이들이 돌아오게 된 계기는 바로 하나의 소식을 들었기 때문이었다.

"그 여인이 모압 지방에서 여호와께서 자기 백성을 돌보시고 그들에게 양식을 주셨다 함을 듣고 이에 두 며느리와 함께 일어나 모압 지방에서 돌아오려 하였더라"_룻 1:6

그들이 들었던 소식은 바로 하나님이 베들레헴에 풍년을 주셨다는 것이다. 그런데 그들은 단지 풍년으로 인해 풍성해진 양식만을 바라보고 간 것은 아니다. 보통 사람들은 베들레헴이 풍년을 맞게 되었다는 이야기 정도로만 듣겠지만, 나오미는 남이 듣지 못하는 한 가지 소식을 더 들었다. 바로 하나님이 개입하셨고 일하셨다는 소식이었다.

특히 "자기 백성을 돌보시사"(6절)에서 돌보신다는 의미의 '파카드'(פָּקַד)라는 단어가 나오는데 이 단어는 '방문하다'라는 의미를 가지고 있다. 즉 그녀는 풍년이 왔다는 소식을 들으면서 하나님이 이 땅에 방문해 주셨음을 깨달았다. 하나님이 분주하게 일하시는 소리를 들었고 그 소리에 반응하여 이렇게 회복을 향한 발걸음을 내딛을 수 있었다. 〈룻기〉에 나오는 이 사건만이 아니다. 성경의 숱한 회복의 사건들은 하나님으로부터 들려지는 말씀을 듣는 것에서부터 시작되었다.

우리는 삶 가운데서 숱한 사건과 상황들을 경험하면서 산다. 그리고 그 속에서 내 인생의 역사를 만들어 가게 된다. 그런데 똑같은 상황 안에서도 어떤 소리를 듣느냐에 따라 결과는 판이하게 달라진다. 사건과 사고들 속에서도 하나님의 손이 움직이는 소리, 발이 움직이는 소리, 하나님이 일하시는 소리를 들을 때 회복의 역사가 일어날 수 있다.

즉, 인생을 살아갈 때, 해석을 잘 하는 것이 중요하다. 내 앞에서 일어나는 모든 일을 눈에 보이는 현상 그대로만 듣고 해석하면 안 된다. 하나님의 역사하시는 소리를 듣기 위해 집중하는 자가 되어야 한다.

더불어 나오미는 '돌아오라'는 하나님의 소리도 들을 수 있었다. 베들레헴에 풍년이 왔다는 소식은 단순한 정보 전달의 차원이 아니었다. 하나님은 그 소식을 통해 그녀가 베들레헴에 돌아오기를 바라셨고 나오미는 룻과 함께 베들레헴으로 돌아왔다. 여기서 '돌아오다'는 '회복하다'의 의미를 가진 단어, '슈브'(שׁוּב)이다. 이 슈브는 포로의 자리에서 포로로 묶여 억눌려 있다가 다시 자유의 몸을 얻어 귀환한 상태를 표현할 때 쓰이기도 한다. 그렇다면 우리 삶은 어떤가? 회복을 간절히 원하지만 삶 가운데서 회복을 경험하지 못할 때가 많다. 분명 내 영과 육에 회복이 필요한데 왜 회복의 역사가 시작되지 않을까?

나오미와 룻의 이야기를 통해서 회복의 일차적인 비결을 배워야 한다. 먼저 점검해야 할 것은 나의 귀이다. 하나님이 나를 부르시는 소리가 들리고 있는지, 하나님이 일하시는 소리가 들리고 있는지 집중해야 한다. 일상에서도 그 소리에 민감하도록 하나님을 의식해야 한다.

이제 회복의 삶을 이어가기 위해 항상 귀를 열어 두고 있어야 한다. 즉 하나님의 음성을 듣는 삶을 살아야 한다. 듣지 않으면 우리에게는 아무 일도 일어나지 않는다. 구원을 얻는 데 있어서 믿음이 절

대적인 수단인데, 그 믿음은 들음으로 말미암아 생성됨을 기억하자
(롬 10:17).

마음을 열어 하나님만 바라보라

귀가 열려져 이 소리가 내 귀에 들릴 때 마음이 함께 열려야 한다.
그리할 때 하나님의 말씀이 내 삶에 파종된다. 여기서 마음을 열라
는 것은 하나님 앞에서 빈 마음이 되어야 함을 의미한다. 즉 내 아집
과 욕심, 교만, 자만심으로 가득 차 있던 것을 비워야 한다.

나오미의 상황에서도 이런 모습이 잘 나타난다. 나오미가 베들레
헴에 왔을 때 그녀는 비참하기 그지없는 모습이었다. 가난에 찌들어
있었고 모든 슬픔과 회한에 잠겨 있었다. 그런데 사람들은 이렇게라
도 돌아온 나오미를 기뻐하며 반겼다. 〈룻기〉 1장 19절은 온 성읍이
떠들었다고 하는데 이것은 기쁨에 차 소리치는 것을 말한다. 그런데
이런 상황에서 나오미는 그들에게 말한다.

> "나를 나오미라 부르지 말고 나를 마라라 부르라 이는 전능자가 나를 심히
> 괴롭게 하셨음이라"_룻 1:20

나오미라는 이름의 의미는 기쁨이고, 마라는 고통과 슬픔을 의미
한다. 즉 그녀는 자신의 인생이 슬픔에 가득 차고 마음이 상해 있음
을 털어놓고 있다. 스스로 자신의 실패했던 상황을 솔직하게 열어
놓고 있다.

사실 나오미는 실패한 인생을 감추며 아무렇지 않다고 과장할 수도 있다. 돈이 없어서 온 것을 숨기고 다른 이유로 온 것처럼 들먹일 수도 있다. 그렇게 자신을 포장하면서 환영 나온 사람들을 마주할 수도 있다. 그러나 그녀는 자신의 비참한 상황을 고스란히 공개했다. 즉 자신을 내려놓은 것이다. 이것이 변화의 시작이다.

예수님도 산상수훈을 통해 말씀하셨다.

"심령이 가난한 자는 복이 있나니 천국이 그들의 것임이요"_마 5:3

'가난'이라는 의미를 가진 단어에는 '프토코스'(πτωχός)와 '페네스'(πένης)가 있는데 전자는 철저한 가난을 의미한다. 즉 나에게 의지할 만한 것이 전혀 없고 전적으로 외부의 도움이 필요한 상태를 말한다. 반면에 후자는 여유롭지 못하고 빠듯한 정도를 말한다. 여기서의 가난은 프토코스이다. 그만큼 절박하고 절실한 상황을 말한다. 이렇게 어디에도 의지할 데 없이 하나님만이 필요하다고 하는 마음이 열린 마음, 가난한 마음이다.

회복은 이런 마음에서부터 시작된다. 지금까지 내가 믿고 지금까지 내가 의지하고 지금까지 내가 자랑했던 모든 것을 비워 버려야 역사가 시작된다.

이러한 마음이 나오미의 모습에서 잘 나타나는데 〈룻기〉 1장을 보면 나오미가 하나님을 여호와로 부르지 않고 전능자, '엘샤다이'(אלשדי)로 계속 부르고 있음을 알 수 있다. 절박한 상황에서 전능자이신 하나님께 유일한 희망을 걸고 있음을 느낄 수 있게 해 준다.

이러한 목마름이 우리 삶에도 나타나야 한다.

안타깝게도 우리는 조금 살 만하면 하나님을 잊는다. 또한 위기가 찾아오면 자존심 때문에 애써 숨기려고 한다. 이제 하나님에 대해 늘 목말라 하고 절박한 마음을 갖자. 그 마음에 하나님은 반응하시고 놀라운 것들로 채워 주신다. 그런 하나님의 전능하심을 의지하며 철저히 비워진 마음으로 변화와 회복을 기대해 나가자.

입을 열어 회개하라

마음을 열었던 나오미는 말한다.

> "내가 풍족하게 나갔더니 여호와께서 내게 비어 돌아오게 하셨느니라 여호와께서 나를 징벌하셨고 전능자가 나를 괴롭게 하셨거늘 너희가 어찌 나를 나오미라 부르느냐"_룻 1:21

그는 자신의 잘못으로 인해 이런 상황에 처하게 되었음을 솔직하게 고백하며 자신의 죄와 허물을 인정하고 시인했다.

사실 엄밀히 살펴보면 나오미가 크게 잘못한 것이 없어 보이기도 한다. 흉년이 왔기 때문에 어쩔 수 없이 먹고살려고 이동한 것이지, 큰 욕심을 부려서 모압 땅에 간 것은 아니다.

> "사사들이 치리하던 때에 그 땅에 흉년이 드니라 유다 베들레헴에 한 사람이 그의 아내와 두 아들을 데리고 모압 지방에 가서 거류하였는데"_룻 1:1

특히 여기서는 나오미의 남편인 엘리멜렉이 아내와 아들을 데리고 간 것으로 되어 있다. 즉 이동하게 된 주도권이 나오미에게 있지 않았음을 짐작하게 해 준다. 그러므로 나오미는 남편에게 탓을 돌릴 수도 있었다. 그러나 그녀는 오직 자신에게 허물을 돌리며 잘못을 고백했다.

대부분의 사람은 문제가 생겼을 때 원인을 다른 사람에게 전가하곤 한다. 이것은 타락한 인생의 본성이기도 하다. 인간이 타락하면서 첫 번째로 그들에게 맺혀진 열매가 책임 전가이다. 아담과 하와가 선악과를 따먹었을 때에도 하나님이 물어보시자 아담은 하와 탓을, 하와는 뱀의 탓을 했다.

"이르시되 누가 너의 벗었음을 네게 알렸느냐 내가 네게 먹지 말라 명한 그 나무 열매를 네가 먹었느냐 아담이 이르되 하나님이 주셔서 나와 함께 있게 하신 여자 그가 그 나무 열매를 내게 주므로 내가 먹었나이다 여호와 하나님이 여자에게 이르시되 네가 어찌하여 이렇게 하였느냐 여자가 이르되 뱀이 나를 꾀므로 내가 먹었나이다"_창 3:11~13

그러나 이렇게 탓을 한다고 잘못이 용서되는 것이 아니다. 회복에 전혀 도움이 되지 않는다.

우리는 나오미처럼 자신을 내려놓을 뿐만 아니라, 죄와 허물을 철저하게 고백할 수 있어야 한다. 입이 책임 전가하기 위해 열리지 않고 겸손히 회개하기 위해 열려야 한다. 다른 사람을 판단하고 허물을 옮기기 위해 열리지 않고 자신의 문제를 고백하기 위해 열려야 한다.

그렇게 입술을 열어 자기의 허물과 죄를 고백하자 하나님의 회복의 은혜가 임했다.

> "나오미가 모압지방에서 그의 며느리 모압 여인 룻과 함께 돌아왔는데 그들이 보리 추수 시작할 때에 베들레헴에 이르렀더라"_룻 1:22

바로 이 시점부터 회복이 시작된다. 풍년이 주어지고 다음 장으로 넘어가면 룻이 보아스를 만나는 장면이 나온다. 거기서 새로운 생명이 태어나고 예수님의 족보에 들어가게 되는 역사가 일어난다.

잘못을 고백하는 것은 비참한 것이 아니라 하나님 보시기에 아름다운 것이다. 나오미처럼 그 어떤 사람에게도 책임을 떠넘기지 않고 내가 떠안고 고백하면 하나님이 그것을 다 알아주신다. 그리고 회복과 더불어 더 큰 영광을 안겨 주신다.

✚ 변화된 라이프 스타일이 주는 기쁨

귀를 열고 마음을 열고 입을 열어 가면 우리에게 회복의 인생이 시작된다. 이렇게 하나님이 허락하신 회복을 누리는 삶은 그 어떤 인생보다도 복되다.

짐을 벗고 가볍게 살게 된다

우리는 인생을 살아가면서 많은 짐으로 인해 버거워한다. 신경 써야 할 것도 많고 책임져야 할 것도 많기 때문에 늘 부담과 스트레스로 마음이 무겁다. 그런데 회복의 라이프 스타일은 이 짐들을 벗게 해 준다. 먼저 내 생각이 아닌 하나님의 뜻에 따라 움직이게 되므로 머릿속의 복잡한 생각들을 내려놓게 해 준다. 또한 마음을 비워 가난한 상태가 되게 함과 동시에 근심거리들도 떨쳐 낼 수 있게 된다.

이처럼 하나님께 온전히 이끌리는 삶을 살게 되면 내가 안고 가야 할 것이 줄어들게 되고 인생이 가벼워진다. 오늘날 우리는 너무나 많은 걱정과 근심을 안고 산다. 그 안에서 부담을 느끼며 허덕이기까지 한다. 그런데 하나님께 이끌림을 받으면 쓸데없는 걱정과 근심, 부담이 사라지고, 가장 가벼운 삶이 다시 시작된다.

우리는 이런 삶을 기대해야 한다. 하나님이 우리를 위해 준비해 두신 그 회복의 기회를 놓쳐서는 안 된다. 그 자리로 나아가 하나님과 더불어 회복의 기쁨을 함께 만끽해야 한다.

모자람이 부끄러움이 되지 않는다

나오미와 룻이 그야말로 모자람의 절정을 이룬 상황이었다. 남편도 잃고 자식도 잃고, 가진 것도 없었다. 그야말로 다 잃은 것이다. 그런데 아무것도 없었던 그들에게 넘치는 역사가 일어난다. 하나님을 붙드는 순간 그 모자람은 또 다른 기회를 만들어 갔던 것이다. 우리도 앞서 다룬 회복의 비결을 지키게 되면 모자람이 더 이상 모자람이 되지 않음을 경험할 수 있다.

　보통 우리는 모자란 것이 있을 때 부끄러워하고 민망해한다. 사람들에게 나서기도 싫어하고 숨어만 있으려고 한다. 그러나 영적인 관점에서 모자란 상황은 하나님과 더 가까워지는 비결이 됨을 기억하자. 또한 이 땅에서 천국을 경험하는 비결임을 기억하자.

	질문 리스트	체크란
1	죄인에서 하나님의 자녀로 회복시켜 주신 것에 늘 감사하는가?	YES / NO
2	인간이 그리는 삶이 아닌, 하나님의 기쁨이 넘치는 에덴에서의 삶으로 회복되기를 간절히 원하는가?	YES / NO
3	내 삶에서 회복되어야 할 부분을 파악하고 있는가?	YES / NO
4	하나님의 음성에 늘 귀 기울이고 있는가?	YES / NO
5	어떤 사건이나 사고 앞에서 하나님의 뜻이 무엇일지 생각하는가?	YES / NO
6	어려움이 생길 때 그것을 철저히 하나님 앞에 다 내려놓는가?	YES / NO
7	내 방식대로 회복을 맞이하는 것을 철저히 포기하고 있는가?	YES / NO
8	문제와 위기가 생겼을 때 그것의 원인을 겸손히 자신에게로 돌릴 수 있는가?	YES / NO
9	회복을 위해 철저한 회개를 먼저 하고 있는가?	YES / NO
10	지금까지 베풀어 주신 회복의 은혜에 감사하고 있는가?	YES / NO

Christian
Life Style
07

기도의 삶

요한복음 17:13~17

✚ 미완성인 나에게 필요한 라이프 스타일은?

북유럽의 기독교 철학자 키에르케고르는 22살 때 일기장에 이런 글을 남겼다. "온 천하가 무너져도 내가 붙들고 놓칠 수 없는 것이 있다. 이것 때문에 내가 살기도 하고 죽기도 할 수 있다. 그것은 곧 사명이다." 이 글은 사명이 한 사람의 인생에 얼마나 중요한지를 느끼게 해 준다.

그렇다면 이렇게 중요한 사명을 실천할 수 있게 해 주는 것이 무엇일까? 많은 요인이 있겠지만 가장 기본적인 것은 다름 아닌 기도이다. 실제로 이 땅에서 꿈을 꾸는 사람도 많고 결단하는 사람도 많지만 그것을 이루어내며 성취하는 사람은 그리 많지 않다. 거룩하게 꾸었던 꿈이 한낮 헛된 꿈으로 전락하는 경우가 허다하다. 그것은 한마디로 능력이 없기 때문인데 바로 기도가 사명을 성취할 수 있게 만드는 놀라운 동력이 된다. 사명이 기도를 통해 가능해진다면, 키에르케고르의 말도 다음과 같이 바꾸어 볼 수 있다.

> "온 천하가 무너져도 내가 붙들고 놓칠 수 없는 것이 있다. 이것 때문에 내가 살기도 하고 죽기도 할 수 있다. 그것은 곧 기도이다."

기도하면 죽을 수 있는 상황이 살 수 있는 상황으로 바뀌기도 하지만, 반대로 기도를 놓치면 살 수 있는 상황마저도 죽을 수 있는 상황으로 바뀌어질 수 있다. 또한 기도하면 그리스도인으로서 살아 갈 수 있지만 기도를 놓치게 되면 그리스도인으로 살아갈 수 없게 된다. 그만큼 기도란 그리스도인들에게 대단히 소중한 것이다. 그래서 신앙의 선배들은 기도가 호흡과도 같다고 가르치며 기도의 중요성을 강조하기도 했다.

성경 역시 기도를 선택의 요소로 말하지 않고 매우 필수적인 요소로 명령하고 있다.

> "쉬지 말고 기도하라"_살전 5:17

기도를 우리의 선택여하에 따라 취할 수 있는 것으로 주지 않고, 명령으로 언급하고 계신 것이다. 더 나아가 '쉬지 말고' 기도하라고 할 정도로 강조하고 있다. 감정이 동할 때, 무엇인가가 필요할 때 기도하려고 하지 말고 늘 기도가 삶이 되어야 한다는 것이다. 물론 쉬지 않고 무엇인가를 하나님께 아뢰며 기도하기는 어려울 것이다. 그러나 우리의 삶이 기도로 간이 배어 있는 것은 가능하다. 즉 하나님과의 소통이 근간이 되어 살아가는 것은 가능하다.

더 나아가 예수님도 우리에게 기도를 명령하실 뿐 아니라, 자신이 친히 기도의 삶을 사셨다. 성경을 보면 예수님은 습관을 따라 기도하셨음을 알 수 있다. 습관을 따랐다는 것은 생명력 없이 형식적으로 기도했다는 것이 아니라, 기도가 예수님 삶의 전부이자 일상이었음을 알게 해 준다.

이렇게 예수님은 기도의 삶을 사셨을 뿐만 아니라 중대한 결단을 내려야 하는 시점에서도 기도를 통해 결정을 하셨다. 얼마나 내게 유익할지, 어떤 수단과 방법을 동원해서 결단하는 것이 아니라 기도 중에 모든 것을 결단하신 것이다. 그래서 십자가를 지시기 전날에도 기도하셨다. 그 기도가 얼마나 진실하고 얼마나 간절했던지 땀방울이 핏방울이 되어 땅에 떨어질 정도였다. 심지어 십자가에 달려서 숨이 넘어가시는 그 상황에서도 기도를 놓지 않으셨다.

우리 역시 이처럼 중요한 기도를 일상화해야 한다. 즉 라이프 스타일로 삼아야 한다. 우리 인생에 절대적으로 필요한 기도를 통해 하나님과 동행하고, 모든 결정을 기도 가운데서 내리는 삶이 필요하다. 그렇다면 우리는 무엇을 어떻게 기도해야 할까? 〈요한복음〉 17장 13절에서 17절에는 예수님이 사랑하는 제자들을 위해 중보기도하시는 내용이 나오는데, 여기서 우리는 기도의 스타일로 살아가기 위해 꼭 기억해야 할 것들을 살필 수 있다.

✚ 기도의 스타일을 취하라

기도, 그 자체가 기쁨이 되게 하라

지금 예수님은 십자가 죽음을 앞에 두고 제자들을 위해 마지막으로 기도해 주시고 있다. 그만큼 제자들에게 절대적으로 필요한 것들을 하나님께 아뢰고 있는 것이다. 또한 이것은 주님이 제자들에게 바라는 소원이기도 하다. '너희가 꼭 이렇게 살았으면 좋겠다'는 마음으로 기도하고 계시는 것이다.

그런 상황에서 기쁨의 삶을 사는 것에 대해 기도하고 계신다. 예수님은 제자들이 이 험악한 세상, 즉 눈물과 고통과 죽음이 숨바꼭질하는 고통의 현장에서 살고 있는 것을 안타까워하셨다. 그래서 사랑하는 하나님의 자녀가 이 땅에서도 기쁨의 삶을 살아가기를 원하셨다.

"지금 내가 아버지께로 가오니 내가 세상에서 이 말을 하옵는 것은 그들로 내 기쁨을 그들 안에 충만히 가지게 하려 함이라"_요 17:13

이것은 이 땅에서 기쁨의 삶을 사는 것이 우리를 향한 하나님의 뜻임을 알게 해 주고 이를 위해 기도해야 함을 깨닫게 해 준다.

〈데살로니가전서〉5장 16절에서도 말씀이 나온다.

"항상 기뻐하라"

상황과 경우에 따라서만이 아닌 항상 기뻐하라고 성경은 전하고 있다. 예수님이 뜻하신 기쁨 역시 조건적인 기쁨이나 상대적인 기쁨이 아니다. 제한적이고 유한한 기쁨도 아니다. 예수님이 원하시는 기쁨은 조건과 상황과 시간을 초월한 기쁨이다. 실제로 예수님은 십자가 죽음을 눈앞에 두시고도 기꺼이 참으셨다. 이처럼 십자가 앞에서도 기뻐하실 수 있는 그 기쁨이 주님의 기쁨이었다. 그리고 예수님은 우리도 이 기쁨을 누리며 살도록 기도하셨다.

그런데 지금 과연 우리는 어떠한 기도를 드리고 있는가? 우리는 궁극적으로 주님이 원하시는 기쁨보다는 그 기쁨을 위한 수단을 위해서만 기도할 때가 많다. 돈을 잘 벌게 해 달라고, 시험을 잘 보게 해 달라고, 성공하고 출세하게 해 달라고 기도한다. 그런데 그 모든 것의 궁극적인 목적은 기쁨이다. 우리가 낮밤을 잊어버리고 고통받으면서까지 돈을 버는 것도 기쁨을 누리기 위해서이고 자신이 설정한 목표를 이루기 위해 모든 것을 포기하며 달려가는 것도 결국은 기쁨을 위해서이다. 우리의 모든 수단이 마지막 멈추어 서는 그 지점이 기쁨이다.

놀라운 사실은, 기도 자체가 기쁨이 될 수 있다는 것이다. 우리는 이미 기도하는 것 자체만으로도 기쁨의 삶을 얻고 누릴 수 있다. 만약에 기쁨이 기도가 아닌 다른 것으로 이루어질 수 있다면 예수님은 다른 것들을 하게 하셨을 것이다. 예를 들어 돈이나 오락거리 등이 기쁨의 요인이라면 그런 것들을 풍성히 허락하셨을 것이다. 그러나 예수님은 "아버지, 저들이 기쁨의 삶을 누리게 해 주십시오"라는 기도로 기쁨의 삶을 선물해 주셨다.

성경 어느 곳에서도 그리스도인의 삶에 있어 기쁨을 배제한 곳은 없다. 항상 기뻐하라고 말씀하셨지, 우리에게 슬퍼하라고 가르친 적은 없다. 우리에게 통곡하고 애통하고 하나님 앞에서 회개하라고 하실 때도 그것이 목적지점은 아니다. 수단일 뿐이다. 애통하라는 것은 죄의 눌림에서 떠나 기쁨을 누리라는 것이고, 하나님 앞에서 자복하라는 것도 죄의 두려움을 극복해서 심령이 기쁨을 누려야 한다는 것이다.

그래서 기독교를 기쁨의 종교라고 말하기도 한다. 기쁨의 삶을 우리에게 누리도록 하기 위해서 주님이 기도하셨다면, 우리 역시 이를 위해 기도해야 한다. 자녀가 좋은 대학을 가고, 취직을 잘 하고, 결혼을 잘 하도록 기도하지만 말고 사랑하는 그 자녀가 기쁨의 삶을 누리도록 기도해야 한다. 가정이나 내가 속한 공동체의 일이 잘 풀리도록 기도하지만 말고 그 안에 참된 기쁨이 넘치기를 기도해야 한다. 또한 나 자신을 위해서 기도할 때에도 내가 원하는 것을 이루는 것 자체만 생각하며 기도하지 말고 하나님 안에서 참된 기쁨을 누릴 수 있도록 기도해야 한다.

그리고 그러한 기도를 하는 가운데 이미 기쁨을 경험해야 한다. 아무리 내가 이룬 일을 통해 성공을 했다고 해도 기도를 놓친 채 이룬 것이라면 그 기쁨이 우리에게 들어올 수 없다. 계속해서 욕심만 갖게 되고 불안해할 뿐이다. 반대로 아무리 일이 잘 안 풀리는 것 같아도 기쁨을 향해 기도하며 나아간다면, 열악한 상황 가운데서도 주님과 소통하며 기쁨을 누리고 희망을 가질 수 있다.

악에 빠지지 않도록 기도하라

이어서 예수님은 제자들이 악한 세상에 살면서, 악에 빠지거나 무너지지 않도록 보전해 달라고 기도하셨다.

> "내가 비옵는 것은 그들을 세상에서 데려 가시기를 위함이 아니요, 다만
> 악에 빠지지 않게 보전하시기를 위함이니이다"_요 17:15

여기서 '보전'이라는 말은 '테레오'($\tau\eta\rho\acute{\epsilon}\omega$)로, '지키다'라는 의미를 갖는다. 예수님은 악한 세상 가운데서 제자들을 지켜 달라고 기도하고 계신 것이다. 특히 악에 빠지지 않도록 지켜 달라고 기도하셨다.

그리스도인이 누려야 할 승리의 삶은 악에 빠지지 않는 것이다. 그리스도인이 무너지고, 넘어지는 이유는 악에 빠지기 때문이다. 주기도문에서도 이러한 사실이 잘 나타난다. 예수님께서는 제자들이 기도를 가르쳐 달라고 할 때, "너희는 기도할 때 이렇게 하라. 하늘에 계신 아버지여"라고 하면서 주기도문을 알려 주셨다. 그리고 끝부분에서 "다만 악에서 구하옵소서"라고 간구할 것을 알려 주셨다.

구원받은 백성이라고 할지라도, 나약한 인간인 우리는 이 세상을 살면서 악에 얼마든지 오염될 수 있다. 악에 넘어지기도 하고 악으로 더럽혀지기도 하며 악에 미혹되기도 한다. 그래서 예수님은 저들의 구원을 잃지 않게 해 달라고 기도한 것이 아니라 저들이 악에 빠지지 않도록 지켜 달라고 기도한 것이다.

다른 번역으로는 '그 악한 자에게서 지켜 주옵소서'라고도 읽을

수 있는데 악한 자는 사탄이다. 사탄은 지금 이 순간에도 그리스도 인을 우는 사자처럼 미혹한다. 겁을 주기도 하고 교묘하게 유혹하기도 하고, 어떻게 해서든지 하나님의 자녀가 그 자리를 이탈하도록 고군분투한다.

에덴동산에서 아담과 하와를 하나님의 자녀 된 자리에서 이탈하게 만들었던 사탄의 수법은 2000년이 지난 지금도 동일한 방법으로 사용되고 있다. 사탄은 보암직하게 하고 먹음직하게 하며, 지혜롭게 할 만큼 탐스럽게 하는 것들로 우리를 미혹한다. 그리고 우리는 시시때때로 여기에 넘어진다. 심지어 넘어져 놓고도 넘어졌는지 모를 때가 다반사이다.

우리의 본적은 하늘나라에 있지만, 현 주소는 이 땅이다. 우리는 이 땅에서 악한 자의 미혹 때문에 얼마든지 악에 빠지고 넘어지고 더럽혀질 수 있다.

그러므로 이 땅에서 성도다운 삶을 살려면 기도의 삶이 필요하다. 악에 빠지지 않으려고 정신을 바짝 차린다고 해서 몸부림을 친다고 해서 악의 미혹에 넘어지지 않는 것은 아니다. 기도를 통해서만이 악을 막아낼 수 있다.

변화를 위한 Tip 3

거룩한 삶을 위해 기도하라

예수님이 제자들을 위하여 기도하신 또 하나의 내용은 거룩한 삶을 살게 해 달라는 것이었다.

거룩은 성도의 표지이다. 그런데 우리는 보통 거룩이라고 하면 도덕적인 성결함을 먼저 떠올리기 쉽다. 그런데 여기서 거룩은 '하기아조'(ἁγιάζω)인데, '성별되게 구별되다'는 말이다. 곧 '거룩'이란 한 마디로 '구별된 성결함'이다.

사실 성도라는 말 자체가 거룩과 연관된다. 성도는 세상에서 구별된 자, 뽑힌 자라는 말이다. 그러므로 성도라면 그 이름에 걸맞게 세상에서 구별된 자로서 구별된 삶을 살아야 한다.

주일은 그저 노는 날이 아니라, 주님께 온전히 드리는 날로 삼을 수 있어야 한다. 믿지 않는 사람들은 십일조를 드리는 것 자체를 이해하지 못하고 차라리 그 돈으로 저축을 하거나 노후보험을 들라고 한다. 하지만 우리는 소득의 십 분의 일을 드릴 수 있어야 한다. 그것은 하나님이 물질의 주인이심을 인정하고, 우리의 모든 것이 하나님께로부터 공급되었음을 믿음으로 고백하는 것이기 때문이다.

이처럼 물질의 구별이 있어야 하고, 시간의 구별이 있어야 한다. 더불어 말과 행동을 통해서도 구별된 삶을 살아야 한다. 비판, 정죄를 하고 싶다고 해도 말하기 전에 다시 한 번 생각할 수 있어야 하고 하나님께서 기뻐하시는 말을 할 수 있어야 한다.

그런데 성경은 성도가 왜 거룩한 삶을 살아야 하는지에 대해서도 말씀하고 있다. 예수님은 16절에서 구별된 삶을 살아야 하는 이유를 본문은 두 가지로 설명을 하고 계신다.

"내가 세상에 속하지 아니함 같이 그들도 세상에 속하지 아니하였사옵니다"_요 17:16

우리는 세상에 속하지 않았기 때문에 세상과 구별된 삶을 살아야 한다. 우리는 우리가 어디에 소속되어 있는지를 분명히 알아야 한다. 발은 이 세상을 딛고 있지만 우리는 저 하늘에 소속된 자이다. 또한 예수님은 말씀하셨다.

"아버지께서 나를 세상에 보낸 것 같이 나도 그를 세상에 보내었고"_요 16:18

우리는 이 세상에서 주의 뜻을 이루어 가라고 보내심 받은 자이다. 그 뜻을 위해 삶의 현장인 세상에 보내었기 때문에 세상에서 살고 있지만 세상과 구별된 삶을 살아야 하는 것이다.

이와 더불어 예수님은 거룩한 삶을 위한 수단에 대해서도 말씀하셨다.

"그들을 진리로 거룩하게 하옵소서 아버지의 말씀은 진리니이다"_요 17:17

진리의 말씀은 거룩을 위한 중요한 도구가 된다. 우리가 거룩한 삶을 위해 말씀을 대하며 살 수 있다는 것은 놀라운 복이 아닐 수 없다.

그런데 안타깝게도 말씀을 많이 접하고 대하는 만큼 거룩의 삶으로 이르지 못하는 경우가 있다. 특히 오늘날은 설교의 홍수 시대라 해도 과언이 아니다. 방송 매체 곳곳에서 말씀이 나오고 책으로도 다양한 설교 말씀들을 접할 수 있다. 예배도 많이 열리기 때문에 마음만 먹으면 언제든지 예배의 자리에서 말씀을 들을 수 있다. 기독교를 박해하는 나라에 살고 있는 것도 아니기 때문에 자유롭게 예배할 수 있다. 그렇게 주일마다 말씀을 듣고 그 외에도 다양한 예배와 기도회를 통해 말씀을 듣고 성경을 끼고 사는데도 우리는 왜 구별된 삶을 살지 못하는가?

여기서 기도의 중요성이 다시금 강조된다. 우리가 말씀과 친숙한 듯 하면서도 구별된 삶을 살지 못하는 것은 삶 가운데서 기도가 상실되었기 때문이다. 심지어 우리는 많이 접하고 익숙해진 말씀을 가지고 오히려 죄를 짓기도 한다. 누군가와 대화할 때 성경 구절을 인용하면서 비판하기도 하고, 자녀에게 교훈과 책망을 할 때에도 성경 구절을 가지고 정죄한다.

이처럼 말씀을 통해 나 자신이 변화되는 것이 아니라, 말씀을 가지고 상대방을 헐뜯는 데에만 연연할 때가 많다. 기도가 없으면 오히려 성경말씀으로 죄를 짓게 된다. 잘못인 줄 알면서도 잘못을 저지르게 되고, 무너지는 경우인 줄 알면서도 무너지는 것은 말씀을 삶으로 실천하게 할 동력, 즉 기도를 잃었기 때문이다.

기도는 우리에게 너무나 익숙한 말이 되어 버렸지만 그럼에도 불구하고 가장 소홀하기 쉽다. 마치 호흡이 중요하지만 평상시에 호흡의 중요성을 의식하지 못하는 것과 같다.

어떤 일을 하든지 간에 기도가 필요하다. 행여 기도 없이 일이 잘 되었다고 하더라도 그것을 형통으로 생각해서는 안 된다. 그것은 오히려 망하는 지름길이다. 기도 없이 잘 나가는 것은 하나님과 점점 멀어지고 있다는 증거일 뿐이다. 기도 없이도 잘 되는 것을 경험하게 되면 그 이후로도 기도 대신 다른 것을 붙들게 되어 점점 더 그릇된 길로 빠지게 되고 망하게 된다.

우리 삶에 기도를 놓아서는 안 된다. 특별하게 무릎 꿇고 앉아서 기도해야만 하는 것이 아니다. 어디서든 하나님과 대화하고 하나님을 생각하면 그것이 기도이다. 그렇게 기쁠 때도, 답답할 때도, 울적할 때도, 마냥 평안할 때도 하나님과 소통해야 한다. 그렇게 기도를 통해 말씀대로 삶을 살아가고, 그 삶을 통해 거룩에 이르러야 한다. 또한 이런 삶을 살 수 있도록 기도해야 한다.

＋ 변화된 라이프 스타일이 주는 기쁨

기도는 가장 강력한 능력이며 예수님이 주신 기쁨의 선물이다. 이 기도가 생활화되면 진정한 그리스도인답게 살아갈 수 있다.

기도의 삶이 주는 기쁨 1
순도 100%의 그리스도인이 된다
신앙생활을 할 때 이리저리 머리를 굴려서는 안 된다. 내가 생각한 대로, 계획한 대로 신앙생활하면 어떤 유익과 효과가 있을 것이라고 생각하면 문제만 오히려 커진다. 하나님의 방법대로 나아가고 이를 위해 기도하는 것이 필요하다.

그런데 기도를 하게 되면 온전히 주님의 뜻을 좇아 나갈 수 있다. 즉 예수 그리스도의 생각대로만 움직일 수 있다. 무엇보다 기도가 중심이 되면 세상과 양다리를 걸치지 않게 된다.

오늘날 겉보기에는 그리스도인이지만 그 속은 세상 사람과 별 다를 바 없는 사람들이 너무나 많다. 혹은 내 나름대로는 예수님만을 좇는다고 하면서도 수시로 세상 것에 휘둘리는 경우도 많다. 이렇게 순수하지 못한 모습, 방황하는 모습에서 벗어나게 하는 유일한 길이 기도이다. 그러므로 순전한 그리스도인이 되기 위해서는 기도에 매달려야 한다. 어떤 상황에서든지 기도로 묻는 것이 습관이 되어야 한다.

기도의 삶이 주는 기쁨 2
기다릴 수 있는 영적 근육이 길러진다

힘들고 지친 상황이 찾아왔을 때 무엇보다 우리를 힘들게 하는 것은 기다림이다. 기약 없는 그 기다림 앞에서 우리는 하루하루를 괴로워한다.

그런데 기도는 기다릴 수 있는 힘을 준다. 기다리는 동안에 기도를 통해 하나님과 대화하는 것은 그 어떤 것보다 위기를 이겨낼 수 있는 힘이 된다. 하나님과 대화하면서 위로를 얻을 수 있고 이런 위기를 통해 하나님이 나에게 계획하신 뜻도 알 수 있게 된다. 그러면서 하나님과 보다 친밀한 관계로 나아가고, 그렇게 하루하루를 살다 보면 어느새 위기의 순간이 끝나고 회복의 날이 찾아온다.

그러므로 그리스도인은 기도를 통해 더 많은 것을 이겨낼 수 있다. 다른 사람들은 끝까지 인내하지 못해 낙오되거나 포기하게 되더라도 기도하는 그리스도인에게는 끝까지 기다리며 극복할 수 있는 힘이 생긴다.

체크리스트

	질문 리스트	체크란
1	기도를 할 수 있다는 것 자체에 감사하고 있는가?	YES / NO
2	기도하는 것이 기쁨의 수단이 아닌 그 자체로 기쁨이 되고 있는가?	YES / NO
3	가족의 성공을 위해서만이 아닌 가족의 기쁨을 위해서 기도하고 있는가?	YES / NO
4	세상적인 오락거리 대신 기도를 통해 기쁨을 누리려고 하는가?	YES / NO
5	나도 언젠가 시험이나 악에 빠질 수 있는 존재임을 인정하며 자만하지 않고 있는가?	YES / NO
6	악에 빠지지 않기 위한 기도를 매일 하고 있는가?	YES / NO
7	땅에 살지만 하늘에 속한 자로서 늘 기도해야 함을 인정하는가?	YES / NO
8	기도를 거룩의 수단으로 삼고 있는가?	YES / NO
9	기도 없이 잘 되는 경험은 아무런 의미가 없음을 인정하는가?	YES / NO
10	쉬지 않고 기도하는 나만의 방법을 가지고 있는가?	YES / NO

Christian
Life Style

08

축복의 삶

창세기 49:22~26

✚ 미완성인 나에게 필요한 라이프 스타일은?

"바람이 불지 않으면 세상살이가 아니다. 그래, 산다는 것은 바람이 잠자기를 기다리는 게 아니라 그 부는 바람에 몸을 맡기는 것이다. 바람이 약해지는 것을 기다리는 것이 아니라 그 바람 속을 헤쳐 나가는 것이다." 이것은 이정하 시인의 〈바람 속을 걷는 법 2〉라는 시에 등장하는 구절이다. 이정하 시인은 이러한 삶이 인생살이라고 노래한다. 아마 대부분의 사람이 이 말에 동의할 것이다.

그 어떤 인생도 바람 불지 않는 인생이 없고 그 어떤 삶도 고단하지 않은 삶이 없다. 그래서 부는 바람을 맞는 것이 인생의 맛이기도 하다. 만약 부는 바람을 맞지 않으면 그것은 살아 있는 인생이라고 할 수 없다. 땅 속에 묻혀 이 땅 위에서 부는 숱한 바람과 상관없는 삶을 사는 것은 죽은 것과 마찬가지이기 때문이다. 그렇게 우리는 살다 보면 견디기 어려울 만큼 거센 바람을 맞기도 하고 아주 찬 겨울에 살을 에는 듯한 바람을 맞기도 한다. 그 바람을 피해 갈 장사가 없고 그 바람이 그저 잠잠해지기만을 기다릴 수도 없다. 그래서 인생은 바람 한가운데서 그 바람을 헤치며 나가는 것이다.

그런데 우리는 바람을 맞을 때, 이 바람 때문에 가야 할 목적지를 가지 못할 것 같고 내가 서 있어야 할 그 자리에 서 있지 못할 것 같은 두려움을 갖는다. 그러나 인생이 다 이러하다고 해서 낙심할 필요는 없다. 바람이 부는 것은 어쩔 수 없는 일이지만 그 바람 때문에 내 인생이 무너지거나 가야 할 길을 가지 못하거나 내가 반드시 서 있어야 할 그 자리에 내가 서 있지 못하는 경우는 없다. 왜냐하면 우리 인생의 주인이 전능하신 하나님이시기 때문이다. 하나님이 우리 인생에 주인으로 계시는 한 하나님은 내 인생을 붙드신다. 하나님이 이루고자 하시는 것을 내 인생을 통하여 이루어 주신다.

그러므로 아무리 세상으로부터 불어오는 바람이 거칠고 세더라도 이 세파 때문에 하나님의 뜻이 방해받거나 무산되지는 않는다. 무엇보다 세상 바람을 주관하는 이도 하나님이시고 우리로 하여금 그 길을 가게 하신 분도 하나님이시다. 오히려 모질게 불어오는 그 세찬 바람 때문에 연은 더 높이 날아오르고 더 멀리 나는 법이지 그것 때문에 연을 띄우지 못하는 법은 없다.

마찬가지로 내 인생에 불어 닥치는 여러 환란과 여러 역경 때문에 내 인생이 시드는 것이 아니다. 오히려 인생의 꽃향기가 더 넓게 퍼져 나가게 된다.

성경에는 휘몰아치는 바람을 맞으며 살았던 야곱의 인생이 담겨 있다. 야곱은 그야말로 모진 인생을 살았고, 인생 전반에 견디기 어려운 세찬 바람이 불었다. 쌍둥이였던 그는 태어날 때부터 아버지의 복을 받을 수 있는 장자의 자리에서 간발의 차로 밀려났다. 그리고 어머니의 계획대로 축복을 받으려고 하다가 결국 외삼촌 집으로 도망가서 사는 신세가 되었다. 이후에는 사랑하는 아내를 잃는 고통도 겪어야 했고 귀한 아들이 행방불명되어 생사조차 알지 못한 채 눈물을 머금으며 살아야 했다. 갖가지 모진 시련을 다 겪은 야곱이 죽음을 맞이하게 된 상황이 〈창세기〉 49장에 기록되어 있다.

그리고 인생의 마지막 끝자락에서 야곱이 할 수 있는 일은 단 두 가지였다. 바로 자녀를 위해 손을 들고 축복하는 것이었다. 또 하나는 자녀가 하나님 앞에 바로 서도록 하나님 앞에 그들을 세우는 일이었다. 보통 한평생을 살다가 죽음의 문턱에 이르러 마지막 무엇인가를 해야 한다면, 대부분 인생에서 깨달은 것 중 더 없이 소중한 것을 말하고 싶어 하게 될 것이다. 그런데 야곱은 하나님의 축복이 얼마나 소중한지를 깨달았기 때문에 그 자녀에게 하나님의 복을 비는 일과 그 자녀가 하나님의 복을 누리며 살 수 있도록 힘쓴 것이다.

이처럼 거친 바람이 이는 우리 인생 가운데에도 하나님께서 부어 주시는 복으로 말미암아 새롭게 일어나고 삶을 지탱해 나갈 수가 있다.

또한 야곱은 고백했다.

"내 조부 아브라함과 아버지 이삭이 섬기던 하나님, 나의 출생으로부터 지금까지 나를 기르신 하나님"_창 48:15

이것은 지금까지 나를 이끄시고 기르신 분이 하나님이심을 고백하는 것이며 하나님의 주권을 전적으로 신뢰하는 것이라고 할 수 있다. 내가 잘나서 여기까지 왔고 내가 좋은 머리로 작전을 잘 짜서 위기를 넘길 수 있었던 것이 아니라, 전적인 하나님의 은혜로 살아왔음을 인정하는 것이다. 그러면서 자녀도 나와 같이 하나님의 복과 은혜 가운데 살기를 간절히 바라게 된 것이다.

> "나를 모든 환난에서 건지신 여호와의 사자께서 이 아이들에게 복을 주시오며"_창 48:16

이처럼 하나님의 복을 간구하는 것은 하나님의 주권과 전능하심을 인정하는 것이다. 우리는 삶 속에서 하나님께로부터 오는 복을 신뢰하며 기대할 수 있어야 하고 더 나아가 그 귀한 복을 후대와 이웃에게 전달하는 그리스도인이 될 수 있어야 한다. 이런 의미에서 축복의 삶이 그리스도인의 라이프 스타일이어야 한다. 즉 하나님의 복을 붙잡고, 이 복을 구하고, 누리고, 전하는 삶을 살아야 한다.

✚ 축복의 스타일을 취하라

변화를 위한 Tip 1

복의 근원지가 하나님임을 잊지 말자
축복의 삶을 살기 위해서 먼저 알아야 할 것은 복이 어디로부터 오는지를 명확히 아는 것이다. 즉 축복의 근원을 잘 알아야 한다. 그러할 때 헛발질, 헛수고를 하지 않게 된다.

나의 경우를 예로 들자면, 현재 4년 정도 한 강아지를 키우고 있다. 그런데 시간이 흐르고 나니 그 강아지는 자기가 누구에게 붙어야 밥을 얻어먹을 수 있는지를 잘 안다. 평소에 놀 때는 나에게 찾아오면서 밥 먹을 때가 되면 밥 주는 가족에게만 붙어 있다. 그때는 내가 아무리 오라고 해도 서운할 정도로 외면한다. 강아지는 자신이 누구에게 붙어야 밥을 얻어먹을 수 있는지 잘 알고 있는 것이다. 인간도 마찬가지이다. 복이 누구로부터 오는지를 알아야 축복받는 라이프 스타일대로 살 수 있다.

야곱은 〈창세기〉 49장 25절에서 말한다.

> "네 아버지의 하나님께로 말미암나니 그가 너를 도우실 것이요 전능자로 말미암나니 그가 네게 복을 주실 것이라 위로 하늘의 복과 아래로 깊은 샘의 복과 젖 먹이는 복과 태의 복이리로다"

하늘의 복과 땅에서부터 얻어지는 복과 젖먹이는 복과 태의 복과 이런 사람에게 필요한 모든 복이 누구로부터 오는지를 분명히 전하고 있다. 아비인 자신으로부터가 아닌 하나님으로부터 옴을 고백함과 동시에 가르치고 있는 것이다. 그것도 두 번이나 강조하고 있다.

이러한 사실을 너무나 잘 알고 있었기 때문에 야곱은 사는 동안 많은 허물과 실수가 있었음에도 늘 하나님 앞에 서려고 몸부림을 쳤다. 모든 복이 하나님으로부터 온다는 사실을 잊지 않았기 때문이다. 야곱의 아들인 요셉도 훗날 하나님이 복의 근원이심을 인정하며 살았다. 형들로부터 억울함을 당할 때도, 보디발의 아내가 유혹할 때도 억울함을 이겨낼 수 있었고 미혹의 손길을 뿌리칠 수 있었다.

사람이 복을 주는 것이 아니라 하나님이 복의 근원이심을 알았기 때문에 불의의 자리에 서지 않고 의의 자리, 믿음의 자리에 서고자 힘썼던 것이다. 결국 보디발의 아내로 인해 옥살이를 하게 되었음에도 불구하고 그는 하나님을 원망하지 않았다. 그런 상황에서도 하나님이 복의 근원이 되심을 의심하지 않았다. 복이 사람이 아닌, 하나님으로부터 온다는 사실을 온전히 믿었기에 그 모든 고통의 시간을 이겨낼 수 있었다.

야곱도 이러한 요셉을 축복하면서 말했다.

> "요셉은 무성한 가지 곧 샘 곁의 무성한 가지라 그 가지가 담을 넘었도다"
> _창 49:22

이 축복은 요셉 개인을 향해 준 것이기도 하지만 더 확장하여 요셉 지파에 주신 말씀이기도 하다. 그런데 야곱은 결실이 가득한 가지라고 표현하는 것에서 끝나지 않았다. 샘 곁에 있는 무성한 가지라고 축복했다. 만약 아무리 결실이 풍성해도 샘이 곁에 없으면 시들고야 만다. 그러나 샘 곁에 있는 나무는 계속해서 무성함을 자랑할 수 있다.

그렇다면 여기서 샘은 무엇을 의미할까? 나무를 무성하게 해 줄 수 있는 분은 단 한 분, 하나님이시다. 요셉은 세상적으로 보면 무성한 가지가 될 가능성이 전혀 없던 사람이다. 이방 나라에 노예로 팔려 갔고 억울한 누명을 뒤집어 쓴 후 무기징역으로 감옥살이를 하는 등, 미래가 없던 그였다. 그랬던 그가 대제국의 총리대신이 되었다. 이것은 인간의 노력으로는 불가능한 일이다. 좋은 부모를 만나고, 좋은 집에서 살고, 밤을 새우며 노력을 한다고 해도 될 수 없는 일이다. 하나님이 하시지 않으면 불가능하다. 그러므로 아마 요셉에게도 '당신의 인생에서 가장 소중한 것이 무엇이냐?'고 묻는다면 '하나님의 복'이라고 대답할 것이다.

많은 사람에게 '인생에 있어서 가장 중요한 것이 무엇이냐'고 묻는다면 어떤 사람은 젊음이 소중하다고 할 것이고, 어떤 사람은 내 꿈이 소중하다고 할 것이다. 혹은 친구나 가족, 외모 혹은 지식 등을 이야기할 것이다. 그러나 그것은 인생에 대해 잘 모르는 것이다. 그 모든 것이 중요하다고 해도 그것을 허락해 주시는 분은 하나님이시다. 우리가 나로 하여금 번성하게 하시는 분을 알고 그분을 신뢰하고 찬양할 때 인생은 거친 세파 속에서도 굳건하게 버틸 수 있다. 또한 복 주시는 분 안에서 삶의 진정한 의미를 느끼며 살아갈 수 있다.

변화를 위한 Tip 2

환경을 초월한 복의 성격을 바르게 이해하라

하나님이 복의 근원이시라면 하나님이 주시는 복은 어떤 것인가? 많은 사람이 하나님이 주시는 복이 어떤 복인지 잘 이해하지 못하고 있다. 그래서 하나님의 뜻을 오해한 채 자기가 스스로 결정하고 해석해 버리는 경우가 많다. 요셉의 인생 중 전반부만 보아도 충분히 오해할 수 있다. 분명 요셉은 꼬이고 꼬인 인생을 살았기 때문이다.

그런데 놀랍게도 하나님은 그 모든 과정을 통해 역사하셨다. 야곱이 요셉에 대해 축복한 내용에도 그러한 상황을 살펴볼 수 있다. 처음에 야곱은 "활 쏘는 자가 그를 학대하며 적개심을 가지고 그를 쏘았다"(창 48:23)고 말한다. 여기서 '활 쏘는 자', 즉 '바알헤침'(חמצים בעלי)인데, 활의 명수, 즉 활을 아주 잘 쏘는 전문가를 말한다. 그런데 그런 그가 요셉을 학대하며 죽이려고 한다는 것이다. 실제로 요셉은 형제들에게 미움을 받아 적개심의 대상이 되었고 결국 구덩이에 갇히기도 했다. 그밖에도 죽을 위기를 경험했다.

그런데 이어지는 야곱의 말에 반전이 나타나 있다.

"요셉의 활은 도리어 굳세며 그의 팔은 힘이 있으니 이는 야곱의 전능자 이스라엘의 반석인 목자의 손을 힘입음이라"_창 49:24

요셉은 죽음의 위기를 넘나드는 모진 인생을 살아왔는데도 죽지 않았다. 오히려 그 계략을 짓밟고 모든 거센 바람을 헤치고 나왔다. 그 이유는 목자 되신 여호와 하나님이 그를 도와주셨기 때문이다. 즉 인생의 축복의 근원이 하나님이셨던 것이다. 이러한 요셉의 일생을 보면 하나님의 복이 어떤 성격을 가졌는지를 알 수 있다.

보통 우리는 계속해서 시련이 다가오면 더 이상의 복을 기대하지 않는다. 한두 번 정도는 참고 기다려 보지만 계속해서 고난이 지속되면 내 인생이 어떻게 이럴 수 있는지 원망하며 기대를 접는다. 그러나 하나님의 복은 우리가 처하는 환경과 조건을 초월한다. 우리는 더 이상 어떠한 복도 기대할 수가 없다고 말하지만 하나님이 우리에게 주시는 복은 우리의 상식과 지식, 경험의 영역을 모두 뛰어넘는다. 우리가 아무리 힘들고 처절하고 극한 상황에 놓였다 할지라도 요셉만큼 어려운 상황은 아니다. 억울하게 구덩이에 갇히거나 노예로 팔려가게 된 것도 아니고, 평생 감옥에서 살게 된 것도 아니다. 그런 요셉도 총리 대신이 되는 반전의 복이 있었듯 우리 생각으로 하나님의 복을 평가절하해서는 안 된다.

하나님의 복은 환경을 초월한 복이다. 어떠한 경우에도 안 된다고 말하지 말고, 끝났다고 말하지 말고 하나님이 복을 주시면 될 수 있다고 말해야 한다. 내가 가는 길이 혹 굽어 돌 수는 있다. 그러나 굽어 돈다고 해서 내 인생이 끝나지 않는다. 하나님은 실수하지 않으신다. 하나님이 내 인생의 축복의 근원이면 하나님은 사막에서도 꽃을 피워 주신다.

이처럼 하나님이 주시는 복의 성격은 환경을 초월한 축복이며 더불어 우리에게 절대적으로 필요한 복이기도 하다.

"네 아버지의 하나님께로 말미암나니 그가 너를 도우실 것이요. 전능자로 말미암나니 그가 네게 복을 주실 것이라 위로 하늘의 복과 아래로 깊은 샘의 복과 젖 먹이는 복과 태의 복이리로다"_창 49:25

중동지방의 사람들은 위에서부터 비가 내려지지 않으면 아무것도 할 수 없다. 그래서 이 구절에 나온 대로 위로부터 오는 하늘의 복은 그들에게 절대적으로 필요하다. 또한 아래로 깊은 샘의 복은 우물과 연관이 되는데, 사막지대에서 살아가는 그들에게 샘은 절대적으로 필요하다. 그래서 그들은 우물의 개수로 부를 측정하기도 한다. 샘은 사람에게도 절대적으로 필요하지만 키우고 있는 양 떼나 소 떼를 위해서도 반드시 필요하다. 즉, 샘은 양 떼와 소 떼를 유지하거나 늘리기 위해 필요하다. 이처럼 중요한 샘을 비유로 하여 하나님의 복을 설명하고 있는 것이다. 하나님의 복은 있어도 그만, 없어도 그만인 것이 아닌 반드시 우리가 받아야 할 것이다.

하나님의 복에 담긴 또 하나의 특징이 있는데 주실 때 우리가 측량할 수 없을 만큼의 복을 주신다는 것이다. 하나님은 절대로 인색하게 복을 주시지 않는다.

> "네 아버지의 축복이 내 선조의 축복보다 나아서 영원한 산이 한 없음 같이 이 축복이 요셉의 머리로 돌아오면 그 형제 중 뛰어난 자의 정수리로 돌아 오리로다"_창 49:26

네 아버지의 복이 네 선조의 복보다 낫다는 것은 복이 후대로 갈수록 더 커진다는 것이다. 또한 산이 한없음 같다는 것은 사막지역을 염두에 두고 이해해야 하는데, 사막에서 산은 매우 신적인 가치를 갖는다. 그런데 그렇게 중요한 산이 한없을 정도라는 것은 하나님의 복이 우리의 계산과 측량을 초월함을 의미한다. 이렇게 우리의 생각을 초월한 복이 지금 우리 앞에 있다. 이것을 풍성히 누리며 사는 것이 그리스도인의 라이프 스타일이 되어야 한다.

축복은 우리의 것이다. 하나님의 복을 올바로 이해하고 올바로 누림으로써 축복의 라이프 스타일을 가지면 우리에게는 다음과 같은 역사가 일어난다.

축복의 삶이 주는 기쁨 1
형편을 초월한 복을 누리게 된다

오늘날 우리 사회는 빈부 격차, 계급 격차가 심하다. 보이든, 보이지 않든 그로 인한 차별이 있기도 하고 사람들이 보는 시선이 달라지기도 한다. 그래서 그런 격차로 인해 사람들이 누릴 수 있는 행복의 크기 역시 다르게 느껴지는 것이 현실이다. 즉 형편이 곧 복과 직접적으로 연관되는 것처럼 느껴지곤 하는 것이다.

놀랍게도 하나님이 주시는 복의 개념에서는 이것이 통하지 않는다. 계급, 신분, 지위를 모두 초월하여 누릴 수 있는 것이 하나님의 복이다. 형편이 어떠하든 하나님의 자녀답게 살아간다면 복을 누림에 있어 그 어떤 차별도 없다.

또한 이러한 복은 변질되지 않는다. 내가 하나님을 떠나지 않는 한, 하나님의 마음을 거역하지 않는 한, 늘 우리 안에 있다. 세상에서는 형편이 변함에 따라 누릴 수 있는 복의 크기가 급격하게 달라질 수 있지만, 하나님이 주시는 복에 있어서는 그 크기가 형편을 초월한다. 세상에서는 내 형편에 따라 사람들이 나를 대하고 내게 베푸는 것이 달라지기도 하지만, 하나님에게 있어서는 변함이 없다. 그러므로 차별과 변질이 없는 하나님이 주신 복을 누릴 때만이 진정한 위로와 평안을 누릴 수 있다.

복을 나누는 사람이 된다

어린 시절에 사랑을 많이 받은 아이들은 그만큼 다른 사람에게도 사랑을 베풀 줄 아는 사람이 되기 쉽다. 꼭 어린아이뿐만 아니라 성인도 풍성한 사랑을 누리면 마음이 풍성해지고 그만큼 베풀고 나눌 여유가 생기게 된다.

하나님의 복도 마찬가지이다. 우리가 하나님의 복에 대해 바로 이해하고 올바른 마음으로 그 복을 구하고 그로 인해 풍성히 복을 누린다면 그야말로 우리는 복을 가득 담은 사람이 된다. 그리고 이제는 받기만 하는 것이 아니라, 그 복을 나누어 줄 여유를 가지게 된다. 이것이 하나님이 주신 복이 가지고 있는 힘이다. 그 복이 너무나 귀한 것임을 알기에 한 사람에게라도 더 나누고 싶어 하게 되고 아까운 마음도 갖지 않게 된다. 특히 구원으로 말미암은 복이든, 영육 간에 풍성하게 해 주시는 복이든, 하나님이 주신 복은 나눈다고 해서 사라지지 않는다. 베푸는 만큼 하나님은 더 채워주시고 영육 간에 풍요롭게 해 주신다. 무엇보다 나눔을 통해서 더 기쁨을 누리게 하신다. 즉 복을 나누는 것 자체가 복이 되는 것이다.

	질문 리스트	체크란
1	모든 복의 원천은 오직 하나님뿐이심을 진심으로 믿는가?	YES / NO
2	하나님이 복의 근원이신 만큼 사람보다 하나님께 더 의지하고 있는가?	YES / NO
3	내 인생에 바람이 불어도 하나님의 복은 나를 떠나지 않음을 인정하는가?	YES / NO
4	하나님의 복이 측량할 수 없을 만큼, 내가 이미 받았음에도 파악하지 못하는 복이 더 많이 있음을 인정하는가?	YES / NO
5	받은 복을 상기하면서 감사하고 있는가?	YES / NO
6	하나님의 복이 언제나 부족함 없이 그저 넘칠 뿐임을 고백할 수 있는가?	YES / NO
7	하나님이 당장 내 문제에 대해 응답하지 않는다고 느껴질 때에도, 반전의 복이 기다리고 있을 것을 믿는가?	YES / NO
8	복의 근원이 되신 하나님을 아직 믿는 사람에게 소개하고 있는가?	YES / NO
9	신실하신 하나님이 내려 주시는 복은 변치 않음을 믿는가?	YES / NO
10	내가 받은 다양한 복을 나누기 위해 힘쓰고 있는가?	YES / NO

체크 리스트

Christian
Life Style

09

교회 중심의 삶

마태복음 16:13~20

✚ 미완성인 나에게 필요한 라이프 스타일은?

2014년에 교황이 우리나라를 방한한 적이 있다. 그때 대한민국 국민 대다수가 교황에게 열광하며 찬사를 보냈다. 매스컴에서도 그의 미소를 명품 미소라고 부르며 극찬했고 무슬림 여성의 발을 씻어주고 그 발에 입 맞춘 것을 부각하는 등, 그를 이 시대의 참 목자인양 추켜세웠다. 신의 대리자라고 불리는 그가 강론하거나 미사를 집전하는 곳에는 수십만의 인파가 모여서 열광했고, 그는 그때마다 스포트라이트를 받았다. 안타깝게도 그런 현장이 겉보기에는 거룩해 보이기 그지없었지만 정작 그곳에서 하나님의 말씀이 울리지는 않았다. 무엇보다 교황만 주목받으며 영광받을 뿐 그를 통해 하나님이 드러나지는 않았다.

그런 교황이 이끌어 가는 가톨릭과 우리의 기독교, 즉 개신교는 하나님을 동일하게 믿는다고 하면서도 분명히 다른 모습을 갖는다. 그 이유는 무엇일까? 기본적으로 신앙의 원리가 다르기 때문이다.

여기서 잠시 개신교의 신앙 원리를 살펴볼 필요가 있다. 개신교 중에서도 장로교의 신앙 원리를 보면 세 가지가 있는데 바로 하나님 중심, 말씀 중심, 교회 중심의 원리이다. 그런데 가톨릭은 이러한 원리가 없다. 이 차이로 인해 가톨릭과 개신교는 뿌리가 같은 듯하지만 전혀 다른 길을 가고 있다.

무엇보다 신앙의 대상에서 결정적인 차이점을 보이고 있다. 아무리 거룩한 삶을 살아가는 성인들이라도 우리의 신앙 대상이 될 수 없고, 우리를 하나님께 인도할 구원자가 될 수 없었는데 가톨릭은 동정녀 마리아를 신앙의 대상으로 삼고 있다. 교황마저도 신격화하고 있다.

또한 우리는 성경 66권을 신앙의 기준으로 삼고 성경 외에 그 어떤 것도 신앙의 기준으로 삼지 않는다. 아무리 아름다운 명언과 명구가 감동과 교훈을 준다 할지라도 그것을 신앙의 기준으로 삼지 않는다.

개혁주의 신앙의 기치는 '오직 말씀으로'이다. 그런데 가톨릭은 교황이 전 세계 로마 가톨릭교회의 수장(首長)으로서 신앙 및 도덕에 관하여 어떠한 결정을 내린다. 그렇게 내린 정식 결정에 대해 '하느님의 특별한 은총으로 말미암아 오류가 있을 수 없다'고 주장하는데 이를 '교황무오설'이라고 부른다. 가톨릭 신자들은 이 교황무오설을 굳게 믿고 인정한다. 심지어 성경의 권위와 동일하게 인정을 하기까지 한다. 뿐만 아니라 성경 66권의 정경 외에 외경을 '제2정경'이라 하여 성경의 권위에 거의 준하는 권위를 부여한다.

더불어 우리는 교회 중심의 신앙생활을 하는데, 교회에 대한 이해 역시 그들과 우리의 신앙을 완전히 다르게 만들어 버렸다. 그렇다면 우리가 다니는 교회란 어떠한 곳인가? 성도에게 있어서 교회는 건물의 차원을 넘은 매우 중요한 공간이다.

간혹 '나는 예수는 믿는데 교회는 별로야.'라고 말하는 사람들이 있다. 교회생활을 하면서 이런저런 이유 때문에 상처를 받거나 마음에 들지 않는 부족한 모습들 때문에 교회를 거부한 채 예수님만 믿겠다고 하는 것이다. 그러나 이것은 불가능하다. 우리는 예수를 믿는 순간부터 교회의 일원이 되기 때문이다. 내가 예수 그리스도를 영접한다는 것은 내가 곧 교회의 한 일원이 되겠다는 것과 같다. 예수님은 믿는다고 하면서 교회는 거부하는 것은 저분이 내가 아버지의 아들인 것은 인정하지만 아버지의 가족과는 아무런 상관이 없다고 하는 것과 같은 이치이다. 싫든 좋든 태어나는 그 순간부터 가족의 일원이 되듯, 우리가 예수님을 믿으면 예수 가족으로 신분이 정해지고 교회 공동체에 소속이 된다.

이런 의미에서 볼 때, 그리스도인에게 있어 교회는 대단히 중요하며 핵심이 된다. 우리 삶의 중심은 교회가 되어야 하고 삶의 터전 역시 교회여야 한다. 즉, 교회 중심의 삶이 그리스도인의 라이프 스타일이어야 한다. 이제 교회 중심의 라이프 스타일이 어떠해야 하는지 알아보고, 또한 앞서 다룬 내용과 연관하여 교회에 대한 이해가 가톨릭과 어떤 차이를 갖는지를 좀 더 살펴보자.

교회에 대한 정확한 이해로부터 출발한다

교회 중심의 삶을 살기 위해 먼저 교회가 어떤 곳인지를 알아야 한다. 즉, 교회에 대한 정확한 이해가 선행되어야 한다.

〈마태복음〉 16장에는 교회에 대한 성경의 가르침이 나타나 있다. 예수님은 가이사랴 빌립보 지방에 이르렀을 때에 제자들에게 "사람들이 인자를 누구라 하더냐"라고 물으셨다. 이때 제자들은 '어떤 사람은 세례 요한이라고도 말하고, 어떤 사람은 엘리야라고도 말하고 어떤 사람은 예레미야 또 선지자 중의 한 사람이라고 말한다'며 다양한 대답들에 대해 전해 드렸다. 예수님은 그때 또다시 "그럼 너희는 나를 누구라 하느냐"라고 물으셨는데, 이때 베드로가 "주는 그리스도시요 살아계신 하나님의 아들이십니다"라고 대답했다. 이 대답이 있고 난 후 예수님은 교회가 세워지는 것에 대해 말씀을 하신다.

> "또 내가 네게 이르노니 너는 베드로라 내가 이 반석 위에 내 교회를 세우리니 음부의 권세가 이기지 못하리라"_마 16:18

그러므로 예수님의 정체성과 교회는 매우 밀접한 관계를 갖는다. 먼저 이 말씀을 통해 교회를 세우시는 분이 예수님임을 알 수가 있다. 이것은 동시에 교회의 주인이 예수님이며 소유권 역시 예수님께 있음을 알게 해 준다. 그래서 '교회의 주인이 예수 그리스도시다'라는 사실에서부터 교회가 출발하는 것이다.

교회의 주인은 결코 인간이 될 수 없다. 교회의 주인은 예수 그리스도뿐이시다. 아무리 성경을 깊게 알고, 기도를 많이 해서 신령한 지경에 이르렀다 할지라도, 혹은 교회를 위하여 지대한 공로를 끼쳤다 할지라도 예수 그리스도 외에 그 어떤 존재도 교회의 주인은 될 수 없다.

안타깝게도 오늘날 교회를 세우는 데에 있어서 목회자 혹은 많은 공로를 세운 교회의 사람을 교회의 설립자로 생각한다. 어떤 교회는 목회자나 장로에게 교회 설립자라는 명칭을 붙여 액자 같은 데에 표기해 놓기까지 한다. 어떤 이유로든 인간은 교회의 주인이 될 수 없다. 바로 여기서 가톨릭과 개신교가 극명한 차이를 보인다. 가톨릭은 교황이라는 한 인간을 교회의 주인으로 생각한다. 그러나 우리는 가톨릭과 달리 오직 예수 그리스도만을 교회의 주인으로 인정하고 모시고 섬긴다.

예수님의 사역 후반부에 나타난 사건을 통해서도 이 사실을 분명히 깨달을 수 있다. 예수님은 십자가 죽음을 앞둔 시점에서 예루살렘으로 입성하셨고 성전에 들어가셨다. 그런데 〈마태복음〉 21장은 예수님께서 성전 안에서 격노하시고 분노하시는 모습을 보여 준다. 성전 안에서 장사하는 사람들이 가득하고 제사 지낼 제물을 사고팔자 그 모든 것을 뒤집어엎으시면서 이전에는 나타나지 않았던 강한 어조로 책망하신 것이다.

"그들에게 이르시되 기록된 바 내 집은 기도하는 집이라 일컬음을 받으리 여기서도 예수님은 성전이 내 집임을 분명히 알려 주신다. 이 땅에 인간의 몸으로 오신 예수님이 물질을 투자하거나 친히 벽돌을 쌓아서 그 성전을 지으신 것은 아니지만 교회의 소유권이 근본적으로 예수님께 있음을 다시금 확인할 수 있다. 그러기 때문에 예수님은 타락한 성전을 보며 더 흥분하고 분노하실 수밖에 없었다.

이 부분은 우리가 교회를 섬기며 우리가 교회의 일원이 되어 함께 생활할 때 한시라도 혼돈해서는 안 되는 부분이다. 물론 교회 다니는 성도 아무나 붙잡고 물어봐도 교회의 주인이 예수 그리스도라는 데에 이의를 제기하는 사람은 없을 것이다.

그러나 머리로는 인정하고 말로는 수긍하는데, 정작 사람을 교회의 주인으로 인식하는 경우가 많다. 특히 이 교회에 오래 나왔다는 이유로, 교회가 세워질 때 헌금을 많이 냈다는 이유로 교회가 내 것이라고 생각하고, 내 의도대로 움직여야 한다고 생각하는 모습이 자주 등장한다. 심지어 이로 인해 교회 안에 분열이 일어나기도 한다. 뿐만 아니라 목회자에게도 이런 착각이 들 수 있는데, '내가 목회자이기 때문에 이 교회의 대표자이자 주인이다'라고 생각하는 경우가 종종 나타난다.

우리가 새 예배당을 짓기 위해 땀을 흘리고 수고하고 물질을 들여 헌신했다고 할지라도 교회의 주인은 우리가 아니라, 예수 그리스도이시다. 우리가 교회 부흥을 위해 엄청난 노력과 기여를 했다고 해도 예수 그리스도만이 교회의 주인이시다. 그러므로 교회는 반드시 예수 그리스도의 목적하신 바대로 쓰여야 한다. 이러한 생각이 분명하게 자리 잡히고, 무의식중에라도 착각을 하지 않아야 교회 중심의 건강한 라이프 스타일을 가질 수 있다.

변화를 위한 *Tip 2*

교회의 기초에 대한 분명한 고백이 중요하다

더 나아가 우리는 교회가 무엇을 기초로 해서 세워지는지를 알아야 한다. 앞서 언급했던 베드로의 고백은 2000여 년이 지난 오늘에도 대부분의 성도가 다 알 정도로 익숙한 내용이다. 그런데 익숙한 이 말과 당시 대화를 좀 더 심도 있게 살펴볼 필요가 있다. 예수님은 처음에 질문을 하실 때 "사람들이 나를 누구라고 하느냐"고 묻지 않으시고 "사람들이 인자를 누구라고 하느냐"고 물으셨다. 그리고 이후에 다시 "너희는 나를 누구라 하느냐"고 물으셨다. 인자, 즉 사람의 아들로 온 나를 사람들이 누구라고 하는지 물으신 것이다.

그런데 베드로는 예수님의 이 질문에 대해서 예수님이 하나님의 아들이심을 분명히 고백한다. 즉 전체 대화를 보면 인자와 하나님의 아들이 상관되어서 표현되고 있는 것이다. 그래서 베드로가 한 말을 다시 풀어 보면 "당신은 사람의 아들로 여기 서 있지만 당신은 사람의 아들이 아니라 살아계신 하나님의 아들입니다."라고 볼 수 있다. 이 대답에 대해서 예수님은 말씀하셨다.

"바요나 시몬아 네가 복이 있도다 이를 네게 알게 한 이는 혈육이 아니요 하늘에 계신 내 아버지시니라"_마 16:17

곧 '내가 하나님의 아들이며 그리스도'라는 사실을 네가 아는 것은, 너의 혈육이 알게 했거나 공부해서 알게 된 것이 아니라 하늘에 계신 네 아버지께서 네게 보여 주어 알게 하신 것임을 말씀하신 것이다. 그러므로 이 말씀은 베드로에게 대답을 잘했다고 칭찬하시는 의미가 아니다. 살아계신 하나님이 뜻을 알게 된 것이 복임을 증거해 주시는 것이다.

이어서 예수님은 말씀하셨다.

"또 내가 네게 이르노니 너는 베드로라 내가 이 반석 위에 내 교회를 세우리니"_마 16:18

베드로라는 이름으로 불리게 된 것은 바로 이때부터이다. 이전까지 예수님은 베드로를 원래 이름인 시몬으로 부르셨다. 신앙고백이 있기 전에는 육의 혈통의 의미로 바요나(요나의 아들) 시몬이라고 부르셨지만 이제는 영적인 의미의 이름을 새롭게 지어 주신 것이다.

그런데 여기서 베드로, 즉 '페트로스'(Πέτρος)라는 말은, 큰 반석에서 깨어진 작은 한 조각을 뜻한다. 이와 달리 "이 반석 위에 내 교회를 세우리라"에서 반석은 페트라(πέτρα)로, 거대한 바위 덩어리를 말한다. 반석은 대개 구약성경에서 하나님으로 표현되고 있다.

그래서 성경에는 "여호와는 나의 산성이요, 여호와는 나의 반석이시라"(시 18:2; 31:3)와 같은 말이 등장하기도 한다. 그런데 베드로가 반석의 일부 조각이라고 말씀하시면서 교회와 반석에 대해 말씀하신 것은, 신앙고백이 있기 전까지 베드로는 하나님과는 관계가 없었는데 이 사실을 알고 난 이후부터는 하나님과 관계 있는 한 조각돌이 되어졌음을 의미한다.

정리하면, 교회의 기초는 예수 그리스도이신데 이 기초 위에 교회를 구성하는 멤버는 반석의 일부인 조각돌들이라는 것이다. 나중에 〈베드로전서〉에서도 이에 대한 말씀이 증거되고 있다.

"사람에게는 버린 바가 되었으나 하나님께는 택하심을 입은 보배로운 산 돌이신 예수께 나아가 너희도 산 돌 같이 신령한 집으로 세워지고 예수 그리스도로 말미암아 하나님이 기쁘게 받으실 신령한 제사를 드릴 거룩한 제사장이 될지니라"_벧전 2:4~5

안타깝게도 가톨릭은 반석 조각과 반석이 어원적으로 같은 것이라며 베드로가 반석이고 교회를 베드로가 세웠다고 주장한다. 의미도 다르지만 조금 더 문법적으로 살펴보면 페트로스는 남성 명사이고 페트라는 여성 명사로서 어원은 같을지 모르나 엄연히 다른 단어이다. 그러나 그들은 한 가지 사실만을 가지고 교회의 기초에 대해 오해하고 있다.

그 이유로 베드로를 초대 1대 교황으로 삼고 이후로 계속 2대, 3대를 이어가고 있다. 교회의 근본에 대한 기초가 이렇게 다른 것이다. 누가 뭐라고 해도 교회의 기초는 하나님, 즉 예수 그리스도이시다. 인간의 노력이나 인간의 행위나 어떤 신령한 존재라도 이 교회의 근간이 되고 기초가 될 수 없다. 이 사실을 분명히 알 때 교회 중심의 신앙생활에 오류가 나타나지 않게 된다.

교회의 본질에 대해 이해하고 올바른 교회 중심의 신앙을 갖게 되고 교회 안에서만이 아니라 나의 일상에서도 놀라운 변화가 일어나게 된다.

교회 중심의 삶이 주는 기쁨 1
음부의 권세를 이기게 된다

예수님은 "또 내가 네게 이르노니 너는 베드로라 내가 이 반석 위에 내 교회를 세우리니 음부의 권세가 이기지 못하리라"(마 16:20)고 말씀하셨다. 여기서 음부의 권세가 이기지 못한다는 것은 '악의 세력이 교회를 공격할 때 교회가 그것을 방어할 수 있다'는 것 정도로 이해되곤 한다. 또한 교회가 음부의 세력을 점령한다는 것으로도 이해되곤 한다.

그런데 이 말의 의미는 '교회가 음부의 세력이 교회를 둘러싸고 압박을 할지라도 그것을 뚫고 헤집고 나아가는 것'을 뜻한다. 특히 여기서 권세에 해당하는 단어인 '필레'(πύλη)는, 문이라는 의미를 갖는다. 즉, 음부의 권세는 음부의 문인 것이다.

한편 이 말씀을 하셨던 곳은 가이사랴 빌립보인데 그곳이 가이사를 숭배하려고 만든 도시로 우상숭배가 성행하는 곳이다. 바로 그곳에서 예수님은 '이러한 음부의 세력이 판을 치고 장악하고 있는 도시라 할지라도 내가 세운 교회는 헤집고 뚫고 나간다'는 사실을 깨닫게 하셨다.

그러므로 아무리 지역이나 장소가 비신앙적인 곳이라 할지라도 내가 교회 중심이 되고 이를 통해 교회의 주인이신 예수님을 잘 따른다면 분명 음부의 권세를 이길 수 있다. 교회를 통해 기준이 세워지기 때문에 세상 가운데서도 혼동하거나 혼란을 느낄 수 없고, 교회를 통해 일하시는 하나님의 역사를 보았기에 이 세상에서 두려워 보이는 그 어떤 것도 두렵지 않게 된다.

교회 중심의 삶이 주는 기쁨 2
천국 비밀의 열쇠를 갖고 하나님 나라를 원하게 된다
예수님은 베드로에게 말씀하셨다.

> "내가 천국 열쇠를 네게 주리니 네가 땅에서 무엇이든지 매면 하늘에서도 매일 것이요 네가 땅에서 무엇이든지 풀면 하늘에서도 풀리리라"_마 16:19

여기서 열쇠는 히브리인들에게 익숙한 표현인데 그들은 하나님의 율법을 가르치는 그 서기관들과 그들의 직무를 열쇠로 비유했다. 예수님도 그런 차원에서 천국의 비밀을 가르치고 전달할 열쇠를 준다고 하신 것이다.

그런데 가톨릭은 이 열쇠가 교황에게만 있다고 한다. 우리는 이 열쇠가 베드로처럼 신앙을 고백하는 모든 사람에게 주어진다고 보고 있다. 문법적으로도 열쇠는 복수로 표현되고 있다. 하나님은 우리에게 천국의 비밀을 전할 수 있는 열쇠, 즉 놀라운 사명을 주셨다.

신앙을 고백하는 공동체인 교회의 사명이 천국의 비밀을 전하는 것이다.

그러므로 우리는 천국 비밀의 열쇠를 쥐고 어느 곳에서든 하나님 나라를 전할 수 있다. 이러한 우리의 사명, 즉 교회의 사명은 책임을 넘어 권한이자 권세이다.

이제 우리가 교회 중심의 라이프 스타일을 갖는다면 베드로에게 주어졌던 이러한 놀라운 권세를 지닐 수 있게 된다. 그래서 지옥과 같은 곳, 암흑과 같은 곳에 가서 가장 놀라운 비밀을 풀어 놓을 수 있게 된다.

체크 리스트

	질문 리스트	체크란
1	교회의 주인은 예수 그리스도뿐이심을 인정하는가?	YES / NO
2	교회를 다니는 것이 지금 행복한가?	YES / NO
3	나는 예수님의 지체로서 교회를 위해 크고 작은 어떠한 사역을 감당하고 있는가?	YES / NO
4	나는 교회와 떨어질 수 없는 존재임을 인정하는가?	YES / NO
5	내가 지금 다니는 교회를 사랑하는가?	YES / NO
6	교회 안에서 어떠한 비판도 일체 삼가고 있는가?	YES / NO
7	우리의 교회를 위해 중보기도를 많이 하고 있는가?	YES / NO
8	이 시대의 많은 교회를 위해서도 기도하고 있는가?	YES / NO
9	교회를 위해 봉사, 헌신한 것을 드러내지 않기 위해 노력하는가?	YES / NO
10	천국의 열쇠를 가졌다는 사실에 감사하고 있는가?	YES / NO

Christian
Life Style
10

헌신의 삶

누가복음 7:36~50

✚ 미완성인 나에게 필요한 라이프 스타일은?

미국의 알링턴 국립묘지는 묘지라고 하기보다는 아름다운 공원이라고 부르는 것이 더 잘 어울릴 정도로 조경이 아름답고 정리가 잘 되어 있다. 특히 그곳에는 나라를 위해 땀 흘리고 수고하다가 순직한 용사들의 기념비가 있기 때문에 더욱더 가치 있게 여겨지고 있다. 높은 장군에서부터 이름 없는 무명 용사에 이르기까지 다양한 묘비들에는 사람의 이름뿐만 아니라, 그 사람의 종교가 무엇인지, 계급이 무엇인지, 어느 전투에 참여했다가 목숨을 잃었는지에 대해서도 기록되어 있다. 다시 말하면 그들이 국가를 위해 어떻게 헌신했는지가 기록되어 있고, 그 묘비명을 보면서 그들의 삶을 되새기고 기념할 수 있다.

그렇다면 천국은 어떠할까? 생수의 강이 흐르는 천국에도 그리스 도인이 어떻게 살았는지에 대한 아름다운 기록이 있다. 주님을 위해 어떠한 헌신을 했는지 하나님은 다 아시고 기록해 놓으시는 것이다. 심지어 우리가 기억하지 못하는 것조차도 하나님은 다 기록해 놓으신다.

그런데 믿음의 삶을 살다간 성경 인물들은 한결같이 하나님 나라의 모습에 대한 비전을 가슴 속에 품고 살았다. 바울도 그 가슴속에 하나님 나라에서의 영광스러움을 비전으로 품었기 때문에 이 땅에서의 숱한 고생과 고난, 억울함, 수많은 시련을 넉넉히 이겨낼 수 있었다고 고백한다. 현재 내가 여기서 당하는 고난은 장차 하나님 나라에서 내게 주어질 영광스러움에 비교하면 아무것도 아님을 알았던 것이다.

과연 우리는 어떠한가? 천국에 대한 깊은 소망을 가지고 있는가? 우리는 지금 이 땅 위에서 살고 있지만 이 삶이 전부가 아니다. 최종 목적지도 아니다. 우리가 가게 될 하나님 나라가 우리 신앙의 목적지이자 성도들이 나아가야 할 도착점이다. 우리에게는 천국을 향한 그리움이 있어야 하고, 그러한 마음을 가진 자가 진정한 성도이다.

안타깝게도 오늘날 너무나 많은 성도가 '이 땅을 사는 동안 어떻게 하면 좀 더 잘 입을지', '어떻게 하면 좀 더 잘 먹고 좀 더 호화로운 삶을 누릴 수 있을지'에 집중한다. 그에 집중하다 보니 우리가 가야할 하나님 나라에 대한 소망은 놓칠 때가 많다.

천국에 대한 소망을 가지고 사느냐, 마느냐는 우리 인생의 모습을 크게 좌우한다. 삶의 자세가 달라지고 삶의 내용도 바뀐다. 만약 여기가 전부인 줄 알고 온 정신을 쏟으며 살다 가도 여기가 전부가 아님을 알면 이 땅의 것을 위해 헌신하지 않고 하나님 나라를 위해 더 헌신하게 되기 때문이다. 특히 그 모든 헌신과 수고를 하나님께서 기억하시고 기록하고 갚아주심을 알기에 이 땅에서 누가 알아주지 않아도 기쁜 마음으로 섬기게 된다.

이제 이 땅에서 나의 수고를 영광스러움으로 바꿔 주실 그곳이 있다는 사실을 기억해야 한다. 얼마나 여유롭게 살까, 얼마나 좋은 집에서 살까, 얼마나 더 가지고 더 누릴까를 고민하지 말고 하늘나라의 하나님 보좌 앞에 이르렀을 때, 내 인생이 어떻게 평가될지에 초점을 맞추어야 한다. 그리고 그 영광의 시간을 바라보면서, 나를 위해 투자하고 수고하기보다 하나님의 기뻐하심을 위해 헌신하는 사람이 되어야 한다.

✚ 헌신의 스타일을 취하라

변화를 위한 *Tip 1*

감사와 사랑의 마음을 예수님께 표현하라

헌신이란 무엇일까? 헌신은 주님을 위해 내가 대단한 업적을 쌓고, 주님을 위해 내가 특별한 수고를 해드리는 것이 아니다. 헌신은 주님께서 내게 베푸신 모든 은혜에 대한 감사의 표현이다.

〈누가복음〉 7장에는 예수님의 발에 향유를 쏟아부은 한 여인에 관한 이야기가 등장한다. 예수님은 바리새인의 집에 초청을 받으셨고 그곳에서 식사를 나누셨다. 바로 그때 한 여자가 예수님께로 찾아 나왔다. 그러고서 예수님의 발 아래 앉아 눈물을 흘리면서 그 발에 입을 맞추고 자신이 준비해 온 향유를 주님 발에 쏟아부었다.

왜 이 여인은 예수님께 나아와서 눈물을 흘리고 그 발에 입을 맞추고 향유를 쏟아부었을까? 성경은 이 여인이 죄 많은 한 여자라고 표현하고 있다. 아마도 이 여인은 은밀하게 숨겨진 죄인이 아니라 여러 사람에게 공개적으로 알려진 죄인이었을 것이다. 그렇게 사람들에게 손가락질당하던 여인이 예수님을 찾아와 발에 입을 맞추고 눈물을 쏟아내고 머리털을 풀어 향유를 쏟아부었으니 더 웅성거릴 수밖에 없었다. 죄 많은 여자의 행위를 왜 내버려 두는지 의아할 수밖에 없다. 그런 가운데서 예수님은 말씀하셨다.

> "이러므로 내가 네가 말하노니 그의 많은 죄가 사하여졌도다 이는 그의 사랑함이 많음이라 사함을 받은 일이 적은 자는 적게 사랑하느니라"
> _눅 7:47

여기서 그녀가 한 행동에 대한 의문이 풀릴 수 있다. 그녀가 예수님께 그렇게 행동한 것은 그녀가 안고 있던 많은 죄가 다 사함 받았기 때문이다. 그것에 대한 감사와 사랑의 마음을 예수님께 표현한 것이다.

그런데 우리는 그녀의 행동에서 헌신의 진정한 의미를 발견할 수 있다. 헌신은 주님을 위해서 어마어마한 일을 해 드리는 것이 아니다. 주님으로부터 이미 받은 은혜, 측량할 수 없는 은혜에 대해 감사하는 것이다. 우리 역시 은혜받은 자요, 죄를 탕감받은 자요, 지옥의 형벌로부터 면죄를 받은 자이므로 마땅한 감사의 표현이 있어야 한다. 즉 헌신의 삶을 살아야 한다.

우리는 십자가를 사랑하고 십자가를 노래한다. 그것은 우리가 십자가의 은혜를 입었기 때문이다. 십자가의 은혜는 세상의 그 어떤 것으로도 맞바꿀 수 없다. 금이나 은, 명예로도 바꿀 수 없는 것이 십자가의 은혜이다. 그런데 이 십자가의 의미는 '너를 위해 내가 죽었다'는 것이다. 예수님이 나를 위해 죽으신 것이 곧 십자가의 은혜인 것이다. 이 사실을 분명히 안다면 헌신의 삶을 살지 않을 수가 없다. 그래서 헌신은 수고나 땀 흘림의 차원이 아니다. 이미 다 받은 것에 대해 마땅히 해야 할 바이다. 나를 위해 예수님이 죽기까지 하셨으니 예수님을 향한 헌신은 당연한 것일 뿐이다.

그런데 성도들은 헌신을 미룰 때가 많다. 오늘 감사해야 그 감사가 의미가 있는데 직장일이 너무 바쁘기 때문에 은퇴하고 나면 헌신의 삶을 살겠다고 한다. 혹은 지금 중요한 시험을 앞두고 있으니 시험이 다 끝나면 헌신의 삶을 살겠다고 한다.

감사는 미루면 의미가 없다. 감사할 일이 있으면 지금 감사해야 한다. 감사하다는 생각이 들 때 바로 해야 한다. 지금 내 판단력이 살아 있을 때, 마음에 감동이 있을 때 표현해야지 '내일, 내일' 하면 기회를 잃게 된다. 나중에 부모에게 효도해야겠다고 미루다 보면 기회가 점점 사라지듯이 감사와 헌신도 기회를 놓쳐서는 안 된다. 예수님의 발에 향유를 부은 여인도 '지금은 주님이 식사하고 계시니 나중에 하자', '사람들이 많으니 혼자 계실 때 하자'라고 생각했다면 기회를 놓쳤을지도 모른다. 헌신을 위해서는 주변을 의식할 필요도 없고 부담을 가질 필요도 없다. 지금 상황에서 내가 할 수 있는 최선의 것으로 감사와 헌신의 기회를 놓치지 말아야 한다.

주님에 대한 사랑의 고백으로 일하라

헌신은 받은 은혜에 대하여 감사를 표현하는 것이며, 동시에 하나님에 대한 사랑의 고백이다. 의무감 때문이 아닌 사랑하기 때문에 이 일을 한다는 것이다. 예수님을 섬긴 여인의 모습을 통해서도 이 사실을 잘 알 수 있다. 예수님의 발에 향유를 부은 여인에 대하여 바리새인과 예수님이 대화하신 내용에 이러한 사실이 잘 나타나 있다. 예수님은 "내가 네게 말하노니 그의 많은 죄가 사하여졌도다 이는 그의 사랑함이 많음이라 사함을 받은 일이 적은 자는 적게 사랑하느니라"(눅 7:47)고 말씀하셨다. 예수님은 여인의 행위를 사랑의 고백으로 평가하고 계신다. 눈물로 발을 적시고 머리카락으로 주님의 발을 닦는 것을 감사의 표현이라고 친다면 그 발에 입을 맞추는 것은 사랑의 고백이 되는 것이다. 나는 당신의 발에 입 맞출 만큼 당신은 내게 존귀한 분이며, 당신은 나에게 이렇게 가치 있는 분임을 행동으로 표현한 것이다. 특히 그 여인은 주변 사람들의 시선에 방해받지 않았고 구애받지도 않았다. '나는 주님이 좋다', '주님을 너무 사랑한다'는 것을 어떻게 해서든 표현하고 싶어 했다.

또한 이 사랑은 경배의 모습으로도 승화된다. 사랑이 곧 경배로 이어지는 것이다. 이 사랑과 경배는 서로 밀접한 관계를 갖는다. 진정한 경배는 사랑을 수반할 수밖에 없다. 곧 주님에 대한 사랑 없이는 주님을 경배한다는 것은 거짓이다. 간혹 찬양이나 봉사 등으로 예배를 섬길 때에도 사랑 없이 '내가 좋아하고 잘하는 일이니까'라는 이유로 참여하는 이가 있다. 음악을 전공했으니까 찬양대에 서려고 하고, 친화력이 좋으니까 안내 봉사를 하려는 등, 취미 생활이나 특기 생활하듯이 교회 사역을 감당하려는 경우가 있는데, 이것이 헌신의 동기가 되어서는 안 된다. 무엇이든 예수님을 향한 사랑에서 출발해야 한다. 그러한 사랑에서 출발된 것이 경배이고 이런 마음이 예배를 참 예배로 만든다. 진정한 헌신이 담긴 예배를 드리게 한다.

이런 측면에서 볼 때 헌신은 어떠한 부담을 가질 만한 것이 아니다. 선교사나 사역자로 헌신하고, 물질과 구제로 헌신하는 것 등만이 헌신이 아니라 진심으로 우러나온 사랑의 고백이 헌신이 된다. 물론 진정한 사랑의 고백은 행동을 바꾸어 놓기도 한다. 나를 위해 투자하고자 했던 것도 하나님과 이웃을 위해 쓰고 싶어지는 등 전인적인 변화를 가져올 수 있다. 이제 사랑도 없으면서 주님을 경배하며 주님을 위해 헌신한다고 말하지 말자. 사람의 눈을 의식하며 헌신하려고 하기 전에 하나님과의 관계, 곧 사랑의 관계부터 정립해 나가자.

변화를 위한 Tip 3

제한과 경계를 두지 않고 헌신하라

헌신은 내 전부를 하나님 앞에 다 드리는 것이다. 헌신에는 제한이 없고 경계가 없다. 그런데 우리는 헌신할 때 제한을 설정해 둔다.

어느 정도까지 헌신하고 그 이상은 할 수 없다고 미리 못 박아놓는 것이다. 그렇게 되면 원망과 불평과 시비가 자리할 수밖에 없다. 이 만큼 헌신했는데 왜 교회에서는 해 주는 게 없는지, 하나님이 왜 내 기도에 응답해 주지 않으시는지 따지게 되는 것이다.

그러나 향유를 부은 여인은 아낌없이 헌신하는 모습을 보여 주었다. 향유를 깨뜨려 부은 것으로 끝나지 않고 발에 입을 맞추고 머리털로 그 발을 씻었다. 당시 여자들에게 머리카락은 순결, 정조와도 같은 가치를 갖는 것이었다. 그런데 그것으로 발을 닦아 주었다는 것은 자신을 전부 드린 것이나 마찬가지이다.

특히 〈요한복음〉에서도 같은 상황에 대해 묘사하고 있는데 그 기록에서는 향유가 최소한 300데나리온의 가치를 갖는 것으로 나온다. 그 정도는 노동자의 1년 연봉에 해당된다. 즉 이 향유는 여자의 미래, 여자의 전 재산, 여자의 꿈이었을 수도 있다. 그런데 그것을 다 부어드린 것이다. 자신이 무엇인가 계획하고 꿈꾸고 내일을 위해 준비했던 것을 주님의 발에 쏟아부었다면 인생의 비전까지도 주님 앞에 내어놓은 것이다. 여인의 삶의 초점은 오직 예수님이었다.

세상 사람들은 주님께 초점을 맞추지 않는다. 이 땅에 초점을 맞추고, 자기의 욕심에 초점을 맞추고, 자신의 꿈에 초점을 맞춘다. 그리고 수단과 방법을 가리지 않고 그 초점을 위해 달려간다. 그러나 그리스도인은 나의 비전, 미래, 꿈 모든 것이 예수 그리스도에게 맞춰져야 한다. 그것이 그리스도인의 모습이다. 혹시라도 세상 사람들처럼 초점이 나를 향해 있었다면 과감히 주님께로 돌려야 한다. 내가 받은 은혜를 하나하나 떠올리면서, 내 평생을 다 바쳐도 그 은혜를 못 갚음을 인정하면서 주님을 위해 살아야 한다.

✛ 변화된 라이프 스타일이 주는 기쁨

헌신하는 라이프 스타일은 온전히 하나님께 바쳐진 삶이라고 할 수 있다. 그러니 그 인생은 하나님이 전적으로 장악하신다. 그러한 삶에 나타나는 놀라운 일들을 살펴보자.

헌신의 삶이 주는 기쁨 1
주위의 반응에 민감하지 않게 된다

본문을 눈여겨보면 정작 이 사건의 주인공인 향유를 깨어 부은 여인은 단 한마디의 대사도 하지 않았음을 알 수 있다. 반면에 바리새인들은 계속 예수님과 여인을 평가하며 말을 끊이지 않고 있다. 그러나 아무 말 없이 침묵한 여인이야말로 예수님께 인정을 받을 수 있었다.

물론 주변에서 수군덕대는 소리, 비난하는 소리로 인해 그녀는 어떠한 설명이나 하소연이라도 하고 싶었을지 모른다. 그러나 끝까지 묵묵히 자신이 할 일만을 했다. 그녀에게 지금 중요한 것은 예수님께 감사를 표현하는 것이었기 때문이다.

우리도 진정한 헌신을 드리게 되면 말이 줄게 된다. 누군가의 험담에도 민감하게 반응하지 않게 되고 오직 주님과의 관계에만 집중하게 된다. 이렇게 사람의 시선에 개의치 않고 주님만 바라볼 수 있는 것은 참된 헌신자만이 보여 줄 수 있는 모습이다. 우리가 진정으로 헌신하는 삶을 살게 되면 이렇게 성숙한 모습, 소리 없이 강한 모습을 지닐 수 있게 된다.

헌신의 삶이 주는 기쁨 2
선한 영향력으로 공동체가 귀하게 쓰임받는다

여인은 자존심도 주위의 시선도 아랑곳하지 않고 주님 앞에 자기 전부를 내어드렸다. 그런데 〈요한복음〉 12장 3절을 보면 다음과 같은 일이 펼쳐졌음을 알 수 있다.

> "마리아는 지극히 비싼 향유 곧 순전한 나드 한 근을 가져다가 예수의 발에 붓고 자기 머리털로 그의 발을 닦으니 향유 냄새가 집에 가득하더라"

여인으로 인해 예수님이 영광을 받으셨을 뿐만 아니라 그로 인해 그 집에 모여 있던 모든 사람이 향유 냄새를 맡게 되었다. 값비싼 향유를 모두가 즐길 수 있었던 것이다.

만약 여인이 그 향유가 아까워 조금만 덜어다가 예수님께 부었다면 모두가 향유의 냄새를 즐기지 못했을 것이다. 그런데 아낌없이 쏟자 예수님과 공동체 모두가 영광을 누릴 수 있었다. 마찬가지로 내가 온전히 헌신하게 되면 내가 속한 공동체에 선한 영향력을 끼치게 된다. 또한 내가 하나님께 인정받게 되면 내가 속한 공동체도 하나님이 귀하게 쓰시는 공동체로 바뀌어 갈 수 있다.

체크 리스트

	질문 리스트	체크란
1	주님을 향한 감사와 사랑의 마음으로 헌신하고 있는가?	YES / NO
2	어떠한 헌신도 받은 은혜만 생각하면 아깝지 않다고 확신하는가?	YES / NO
3	나는 주님께 받은 사랑을 표현하기 위해 노력하고 있는가?	YES / NO
4	내게 있는 가장 귀한 것도 주님께 드릴 수 있는가?	YES / NO
5	주변 사람이 나의 헌신하는 모습에 대해 수군거려도 주님만 바라보며 개의치 않을 수 있는가?	YES / NO
6	그냥 취미로 헌신하려는 태도를 철저히 지양하고 있는가?	YES / NO
7	헌신할 때 말없이 묵묵히 주님만 바라보며 헌신하는가?	YES / NO
8	하나님께 영광받으시는 것만을 생각하며 헌신하고 있는가?	YES / NO
9	헌신한 후에도 생색을 내지 않고 있는가?	YES / NO
10	내가 오랫동안 붙들었던 꿈도 주님을 위해 포기할 수 있는가?	YES / NO

Christian
Life Style
11

안식의 삶

마태복음 11:28~30

✚ 미완성인 나에게 필요한 라이프 스타일은?

　노래는 음표만으로 만들어질 수가 없다. 음표와 쉼표, 숨표가 어우러져서 하나의 곡이 완성된다. 물론 우리 귀에 들리는 것은 음표의 소리와 그 음의 높고 낮음, 장단뿐이지만 그 음표가 음표로서 가치를 갖는 것은 사실 쉼표와 숨표 때문이다. 아무리 화려하고 아무리 아름다운 음들이라도 그것이 아름다움으로 전달되기 위해서는 반드시 숨표와 쉼표가 필요하다. 이것은 하나님이 우주 만물을 만드실 때 나타난 창조의 원리이기도 하다.

　〈창세기〉 1장의 천지창조에 대한 기록에는, 하나님이 매 하루에 창조 사역을 마치실 때마다 "저녁이 되며 아침이 되니 이는 첫째 날이라", "저녁이 되며 아침이 되니 이는 둘째 날이라"와 같은 표현이 계속 사용되고 있다. 우리는 보통 하루를 아침과 저녁으로 표현하는데 왜 여기서는 "저녁이 되고 아침이 되니"라고 표현한 것일까? 이것은 하나님께서 창조를 연속적으로 이어가시지 않고 한 날의 창조를 마치고 쉬셨음을 강조하는 것이다.

또한 하나님은 엿새 동안 창조 사역을 이루신 후 안식하셨다.

"하나님이 그가 하시던 일을 일곱째 날에 마치시니 그가 하시던 모든 일을 그치고 일곱째 날에 안식하시니라"_창 2:2

이처럼 창조의 기록에서도 하나님이 일하시는 모습과 쉬시는 모습이 동시에 나타나고 있다. 그리고 이것이 바로 창조의 원리이다.

이 원리는 우리의 인생살이에도 동일하게 나타나야 한다. 인생은 열심을 다해 일하는 것으로만 만들어지지 않는다. 그 인생에는 일한 것이 일의 효과로 드러나기 위한 쉼이 반드시 필요하다.

그렇다면 왜 우리의 인생이 열심히 달려감과 열심히 일함만으로 되지 않는가? 왜 우리의 인생에는 쉼이 필요한가? 인간이 죄를 범하고 타락함으로 말미암아 우리에게 쉼이라고 하는 것이 수고하는 것으로 바뀌어져 버리고 말았다. 그래서 하나님은 말씀하셨다.

"너로 말미암아 저주를 받고 너는 네 평생에 수고하여야 그 소산을 먹으리라"_창 3:17

우리가 수고하고 고생하며 일하는 것은 결국 범죄 때문인 것이다.

이에 관해 러시아의 기독교 작가 도스토옙스키는 '인간의 타락이 인간의 삶을 수고로운 짐으로 만들어 버렸다. 인간이 타락하지 않았다면 인생을 산다는 것은 즐겁고 대단히 행복한 것일 수 있었는데 인간이 타락함으로 말미암아 인생이 수고로운 짐으로 떨어지고 말았다'고 말하기도 했다. 그러므로 수고하고 고생하는 것을 어떤 능력으로, 보람찬 것으로만 보아서는 안 된다. 일이 범죄로 인한 동기를 가지고 있음을 기억하며 그 일 자체에 가치를 두어서는 안 되고, 쉼을 가질 수 있어야 한다.

예수님도 쉼에 대해 말씀하시며 인생을 '수고하고 무거운 짐 진 존재'로 표현하셨다.

> "수고하고 무거운 짐 진 자들아 다 내게로 오라 내가 너희를 쉬게 하리라"
> _마 11:28

여기서 '수고한다'는 말은 '코피온테스'(κοπιῶντες)인데 본문에서 현재분사 능동태로 기록되어 있다. 이것은 자기 스스로 지친 상태를 의미한다. 스스로의 문제 때문에 지쳐 있고, 자기 스스로가 지쳐 있는 상태로 나아간 것을 뜻한다.

또한 '짐을 진다'는 말은 '페포로티스메노이'(πεφορτισμένοι)로 되어 있는데 이 단어는 동일한 현재분사이지만 수동태이다. 즉 무거운 짐을 내 스스로 진 것이 아니고 타인이나 주변 환경, 상황에 의해서 지게 된 것을 뜻한다. 이 두 단어에 우리의 현실이 그대로 잘 나타난다. 우리는 스스로 지친 일을 만들어 가고 그 가운데서 고통받을 때가 많다. 또한 나의 뜻과 상관없이 수고하고 고생해야 할 때도 많다. 이렇게 자의와 타의에 의해 우리는 늘 수고하고 무거운 짐을 지면서 살아가고 있다. 이 땅을 살아가는 존재 그 누구도 이 수고로움과 이 짐에서 자유로울 수가 없다.

이런 인생에 가장 필요한 것이 무엇인가? 누군가는 돈이 있으면 된다고 한다. 돈이 있으면 일을 더 안 해도 되고 여유로워 질 것이라고 생각한다. 그러나 돈이 있으면 더 큰 돈을 좇아 더 수고하고 무거운 짐을 지게 되는 것이 현실이다. 수고하고 무거운 짐을 진 인생에게는 높은 명예와 사회적인 지위, 내 사업의 확장과 집 평수의 확대가 필요한 것이 아니다. 인생에 필요한 것은 쉬는 것이다.

이렇게 쉼이 필요한 인생을 향해 예수님께서 말씀하셨다.

"다 내게로 오라 내가 너희를 쉬게 하리라"

그런 고단한 인생을 향해 주님이 따뜻한 초청을 하고 계신 것이다. 그런데 쉼에 대해 말씀하고 있는 〈마태복음〉 11장 28~30절은 안식에 대해 말씀하고 있는 〈마태복음〉 12장과 연결된다. 이 장에는 예수님의 제자들이 안식일 날 밀밭에서 이삭을 비벼서 먹는 장면과 예수님이 손 마른 병자를 고치시는 장면이 나온다. 이때 바리새인들은 예수님께 '왜 제자들이 안식일을 지키지 않느냐'고 질문했다. 그때 예수님은 '안식일의 진정한 주인은 나'라고 말씀하셨다. 율법적으로 일을 하지 않는 것이 안식일의 진정한 의미가 아님을 분명히 가르쳐 주신 것이다.

우리는 앞서 쉼을 주시겠다고 하신 예수님의 말씀과 여기서의 참된 안식에 대한 말씀을 통해 우리가 누려야 할 안식, 즉 쉼에 대한 올바른 이해를 가질 수가 있어야 한다. 그리고 이러한 말씀을 통해 진정한 안식의 자리로 나아가야 한다. 이제 참된 안식의 의미를 배워보고 주님 안에서 편히 쉴 수 있는 라이프 스타일을 가져 보자.

✚ 안식의 스타일을 취하라

변화를 위한 Tip 1

안식은 정치가 아니라 놀라운 선물을 개봉하는 것임을 기억하라

성경은 안식이 선물임을 가르치고 있다. 예수님이 수고하고 무거운 짐 진 인생에게 하나님의 쉼을 주겠다고 하셨다. 이것은 고생하며 산 우리에게 선물로서 쉼을 주겠다고 하신 것이다.

보통 우리는 쉬는 것을 퇴보하는 것, 도태되는 것, 낙오되는 것 등으로 이해할 때가 많다. 특히 오늘날처럼 사회가 급진적으로 돌아가고 하루가 다르게 변하는 상황에서는 끊임없이 일하고 노력해야 한다고 생각하곤 한다. 만약에 일이 생겨 일을 중단하게 되면 불안해하고 뒤쳐질까 봐 염려하게 된다.

이제 우리는 안식에 대한 인식을 바로 잡아야 한다. 안식은 하나님의 선물이다. 그동안 수고한 것에 대한 값진 보상이다. 선물을 받으면 기쁘듯이 우리는 안식의 기회가 주어졌을 때, 그 안식 안에서 기쁨을 누릴 수 있어야 한다.

그렇다면 왜 안식이 하나님의 선물일까? 예수님이 쉬게 해 주겠다고 하실 때 '쉰다'는 말은 '아나파우시스'(ἀνάπαυσις)라는 단어인데, 이는 '아나'(ἀνά)와 '파우시스'(παυσις)가 합쳐진 것인데, '아나'에는 '다시, 새롭게 재출발한다'는 의미가 있고, '파우시스'는 '멈추다', '정지한다'는 의미를 담고 있다. 보통 우리가 일시정지 기능을 사용할 때 'pause' 버튼을 누르는데 이 말이 그 단어에서 나온 것이다.

이처럼 안식은 그냥 정지하고 멈추는 것이 아니다. 다시 새롭게 무엇인가를 할 수 있도록 잠깐 멈추는 것이다. 종료나 정지가 아닌 내일을 위해 일시적으로 정지하는 것이다. 음악을 듣다가 일시정지를 누르는 경우를 떠올려 보면 잘 이해할 수 있는데, 우리가 그 버튼을 누르는 것은 음악이 싫어서가 아니다. 만약 싫었다면 아예 정지나 종료 버튼을 눌렀을 것이다. 적어도 일시정지를 눌렀다는 것은 다시 듣고 싶거나 잠시 멈췄다가 집중해서 잘 듣고 싶기 때문이다.

그러므로 우리에게 있어서 안식도 그냥 끝나 버리고 도태되는 개념이 아닌, 더 나은 시작과 발전을 위해 잠시 멈추는 것이다. 그만큼 우리에게 큰 선물이 아닐 수가 없다.

그런데 누군가는 일이 너무 많아서 쉴 수가 없고, 나에게는 안식의 기회가 주어지지 않는다며 하소연할 수 있다. 그러나 모든 사람에게 안식의 기회가 주어져 있다. 대표적인 것이 바로 주일이다. 주일은 하나님이 안식하도록 모두에게 주신 날이다. 그러나 우리는 주일에 쉬는 것을 불안해한다. 주일날 가게 문을 닫고 쉬면 그만큼 손해라고 생각하며 걱정한다. 혹은 주일날 업무를 더 해야 다른 일을 진행하는 데 무리가 없을 것이라고 생각한다.

이처럼 분명히 선물로 주어진 날인 주일을, 일과 스트레스 혹은 불안 가운데서 보내는 사람이 많다. 주일날의 안식이 선물이라고 생각하지 못하는 것이다. 이제 우리는 구석에 밀쳐 두었던 선물을 꺼내어 개봉하고 매주 그 선물을 활용할 수 있어야 한다.

변화를 위한 Tip 2

안식을 통해 내 인생의 주인을 분명히 드러내라

안식하라는 것은 십계명 중 네 번째 계명으로 나타난 하나님의 명령이다.

> "안식일을 기억하여 거룩하게 지키라 엿새 동안은 힘써 네 모든 일을 행할 것이나 일곱째 날은 네 하나님의 여호와의 안식일인 즉 너나 네 아들이나 네 딸이나 네 남종이나 네 여종이나 네 가축이나 네 문안에 머무는 객이라도 아무 일도 하지 말라. 이는 엿새 동안에 나 여호와가 하늘과 땅과 바다와 그 가운데 모든 것을 만들고 일곱째 날에 쉬었음이나 그러므로 나 여호와가 안식일을 복되게 하여 그 날을 거룩하게 하였느니라"_출 20:8~11

그렇다면 왜 하나님은 안식일 지키는 것을 명령으로 주셨을까? 하나님은 엿새 동안 창조하고 하나님도 쉬셨다. 하나님이 창조 사역을 엿새 동안 이루시고 쉬셨다는 것은 그 엿새 동안 인간의 필요를 충족할 수 있는 창조 사역을 완벽하게 이루셨음을 의미한다. 즉 이제는 더 할 것이 없다는 것이다.

그러므로 하나님도 쉬실 뿐더러 우리도 쉬어야 한다. 만약 하나님은 쉬시는데 우리가 무엇인가를 더 하려고 한다면 우리가 행복을 스스로 만들어 보겠다는 것과 같다. 그래서 하나님은 다음과 같이 말씀하신 것이다.

> "내가 너희를 위해 다 이루어 놓았다. 너희가 하는 것 같지만 실제는 내가 다 해 놓은 것이다. 내가 너희를 책임질테니 걱정 말아라"

그러므로 우리는 하나님을 온전히 신뢰하며 쉬면 되는 것이다. 만약 아직도 만족할 수 없다는 이유로, 혹은 내가 더 노력하면 더 행복해질 거라는 기대로 쉬지 않고 더 무엇인가를 하게 된다면 그것은 무용지물이 되고야 만다.

그런 측면에서 안식은 하나님이 우리에게 주신 귀한 선물일 뿐만 아니라 우리의 신앙고백이기도 하다. 하나님을 신뢰한다는 표시가 되는 것이다. 곧 우리가 안식한다는 것은 하나님을 믿는다는 것과도 일맥상통한다. 하나님이 내 일을 하심을 인정하는 것이고 내가 내 인생의 주인이 아니라 하나님이 내 인생의 주인이심을 스스로 증거하는 것이다. 이러한 마음이 있다면 주일에 일상의 사업을 중단하고 내 개인의 삶의 모든 것들을 중단하고 하나님을 예배할 때에도 기쁨이 넘치게 된다. 일 안 하고 예배드리며 쉬는 것이 손해는 아닐지 불안해할 필요도 없게 된다. 하나님을 신뢰하니 걱정, 염려가 있을 수가 없는 셈이다.

특히 안식은 그냥 노는 것이 아니다. 안식이란 내 모든 것을 내려놓고 하나님을 신뢰하는 것이다. 하나님을 신뢰하며 내려놓아도 불안하지 않고 그 안에서 참된 쉼을 누릴 수 있게 된다. 그렇게 하나님을 신뢰하며 참된 안식을 취하면 "나의 하나님이 그리스도 예수 안에서 영광 가운데 그 풍성함대로 너희 모든 쓸 것을 채우시리라"(빌 4:19)는 삶의 고백을 드릴 수 있게 된다.

분명 나의 수고함이 나의 모든 쓸 것을 채우지 않는다. 나의 하나님이 그리스도 예수 안에서 내가 필요한 모든 것을 채워 주신다. 그것도 부족함 없이 풍성하게 채워 주신다. 그러므로 우리는 주일에 예배할 때에도 단순히 예배 시간을 때우는 차원이 아니라, 내려놓음을 보여드림으로써 하나님을 향한 내 신앙을 고백할 수 있어야 한다. 동시에 쉬는 그 모습을 통하여 세상을 향해 내가 하나님을 신뢰함을 선포해야 한다. 안식일을 지키는 것은 곧 그 선포이자 "내 인생의 주인은 하나님이다. 나는 세상을 신뢰하지 않고 하나님을 신뢰한다."는 외침이 될 수 있다.

안타깝게도 시대가 점점 악해지면서 교인들이 주일성수를 굉장히 가볍게 여기고 있다. 이전에 우리 신앙의 선배들은 주일성수에 목숨을 걸었다. 그래서 한국 교회는 여기까지 이르게 되었고 하나님의 보호하심을 받아 이 나라는 부강한 나라가 될 수 있었다. 물론 이런저런 면에서 부족한 것과 한탄할 만한 것이 나라 안에 많다고는 하지만 과거의 모습이나 어려운 나라의 상황을 떠올려 볼 때, 이 정도의 풍요와 안정을 누릴 수 있는 것도 큰 은혜이다. 그만큼 우리 신앙의 선배들이 오직 하나님만을 붙들고 하나님을 신뢰했기 때문에 이 나라가 전쟁과 난리 통 속에서도, 숱한 세상의 복잡한 정세 속에서도 승리할 수 있었던 것이다.

이제 우리도 건성으로 주일예배 드리면서 주일을 보낼 것이 아니라, 안식을 통해 하나님께 진정한 신앙을 보여드릴 수 있어야 한다.

주님과 짝이 되고 익숙해지는 안식의 복을 누리라

안식을 통해 우리는 많은 것을 누릴 수 있다. 그런데 더욱 놀라운 것은 안식 그 자체가 복이라는 사실이다.

> "이는 엿새 동안에 나 여호와가 하늘과 땅과 바다와 그 가운데 모든 것을 만들고 일곱째 날에 쉬었음이라 그러므로 나 여호와가 안식일을 복되게 하여 그 날을 거룩하게 하였느니라"_출 20:11

하나님이 안식일을 복된 날이 되게 하셨다는 것이다. 또한 사람이 엿새 날에 창조되고 그다음 날이 안식하는 날이어서, 우리 인간의 삶은 쉼으로부터 시작했다고도 할 수 있다. 즉 우리는 복된 날로부터 인생을 출발했다고도 말할 수 있다. 그러나 사람들은 그 복을 누리는 것을 거부할 때가 많다. 주일에도 '바쁘다, 바쁘다' 하며 분주한 사람이 많다. 예배가 끝나면 빨리 어디를 가서 일처리를 하고 마무리를 해야 한다는 등 안식의 날에 더 없이 분주한 경우를 많이 본다. 그것은 복을 누리지 못하는 것이며, 그 이전에 '안식 자체가 복'임을 알지 못하는 것이다.

그렇다면 이 안식이라는 복을 어떻게 내 것으로 삼으며 경험할 수 있을까? 그 비결을 예수님의 말씀을 통해 배울 수 있다. 예수님은 "나는 마음이 온유하고 겸손하니 나의 멍에를 메고 내게 배우라"고

하셨는데, 여기에 나오는 '나의 멍에를 메라'는 사실 논리적으로 납득이 되지 않는다. 그렇지 않아도 우리는 지기 힘든 커다란 짐 때문에 괴로워한다. 지기 싫지만 안 질 수 없기에 억울하고 속상해도 참고 힘겹게 지고 가고 있는데 오히려 주님의 멍에를 메라고 하니 얼마나 황당하겠는가?

그런데 본래 단어의 의미를 제대로 살펴보면 예수님의 의도를 이해할 수 있다. 여기서 '멍에'란 '쥐고스'(ζυγός)인데 이 단어의 의미는 '결합하다', '짝을 이루다'라는 의미를 갖는다. 즉 '멍에를 메라'는 것은 예수님의 짐을 대신 지라는 것이 아니라 예수님과 결합하고 짝을 이루라는 것이다.

문화적으로 살펴보면 더 이해가 될 수 있는데 팔레스틴에서는 멍에를 절대 홀수로 메지 않고 짝수로 멘다. 짐승들이 무엇인가를 지탱하면서 멍에를 메고 견뎌 나갈 때 짝수로 멍에를 메우게 하는 것이다. 즉 내 멍에를 메라는 것은 나는 멍에를 안 멜 테니 네가 대신 메라는 것이 아니라, 내 곁에 와서 짝이 되라는 의미인 것이다. 그렇게 예수님 곁에 오면 참된 쉼을 얻을 수 있다.

또한 예수님은 멍에를 메고 내게 배우라고 말씀하셨다. 여기서 '배운다'는 말은 '만다노'(μανθάνω)로 되어 있는데 어떤 것에 익숙해진다는 뜻을 가지고 있다. 그러므로 주님과 결합하고 주님께 익숙해지면 쉼을 얻을 수 있다는 것이다. 또한 '쉼을 얻는다'에서 '얻는다'는 것은 '휴리스코'(εὑρίσκω)라는 말인데 '발견한다', '찾는다'는 의미를 갖는다. 쉬는 것은, 즉 나에게 툭 떨어지는 것이 아니라 발견하고 찾아냄으로써 얻을 수 있게 된다는 것이다.

즉, 주님과 짝이 되고 주님께 익숙해지면 나는 쉼을 찾게 될 수 있다는 것이다. 그러므로 이제 우리는 예수님 곁으로 나아가 짝을 이루어야 한다. 짝을 이룬다는 것은 늘 함께 있는 것이고 한 팀이 되었다는 것이다. 결합하는 것이다. 이렇게 예수님과 짝꿍이 됨으로 예수님께 익숙해지는 삶을 살아야 하고 이를 통해 진정한 안식을 찾는 라이프 스타일을 누려야 한다. 그것이 진정한 성도의 삶이자 모습이다.

✚ 변화된 라이프 스타일이 주는 기쁨

이제 안식의 삶이 내 안에 분명히 자리 잡혀야 한다. 이러한 라이프 스타일을 갖추게 되면 하나님이 베푸시는 놀라운 힘을 얻게 된다.

안식의 삶이 주는 기쁨 1
새로운 출발로 영육이 강건해진다
안식하면서 잠시 멈추는 것은 새로운 출발을 위한 동력을 제공한다. 안식은 수고하여 지친 상태의 삶에서 그대로 멈추는 것이 아니라, 새로운 효과와 효능을 얻는 삶으로 나아가게 해 주는 것이다. 당연히 영육 간에 더 많은 유익을 안겨 줄 수 있다.

그렇게 안식은 새로운 기운을 갖게 만들고 상쾌한 기분으로 다시 출발할 수 있게 해 준다. 쉬기 전까지는 '이렇게 쉬어 버리면 일이 꼬일 것 같고 일이 더 쌓이지 않을까?' 생각하지만 주님을 신뢰함으로 안식을 하면 오히려 더 샘솟는 힘으로 내일을 시작할 수 있게 되는 것이다. 무엇보다 힘을 주시는 분은 하나님이시다. 내가 아무리 좋은 것을 먹고 운동을 많이 한다고 해서 힘이 생기는 것이 아니다.

힘의 원천이 되는 분은 오직 하나님뿐이시다. 그러므로 안식이라는 신앙고백을 진정으로 드리는 자가 놀라운 힘도 발휘할 수 있다. 지금 할 일은 많고 쉬지 못할 것 같고 예배드릴 여유도 없다고 생각되는가? 그렇다 할지라도 하나님을 믿고 내려놓은 채 안식을 취하자. 쉼으로 주일을 보내자. 그러면 오히려 일이 하나님의 인도하심 가운데서 원만히 해결됨을 경험할 수 있을 것이고 그 안에서 활력을 얻는 내 자신을 발견할 수 있을 것이다.

안식의 삶이 주는 기쁨 2
인생을 보는 시야와 생각이 넓어진다

안식을 하게 되면 그동안 열심히 달릴 때 보지 못했던 것을 보게 된다. 정신없이 바쁘게 살다 보면 내가 하고 있는 일 자체에만 매달리게 되고 그에 관련된 것들만 보게 된다. 즉 전체는 보지 못한다. 그런데 안식이라는 선물을 마음껏 누리게 되면 우리의 시야와 생각이 넓어진다. 무엇보다 하나님이 이끄시는 인생의 전체적인 그림을 확인하게 되고 그동안 편협하게 절절맸던 것에서부터 해방될 수 있다. 인생을 내가 이끌어가는 것이 아니라, 하나님께서 이끄심을 목격할 수 있다. 그래서 더욱 하나님을 의지하며 신뢰하게 되고 문제 앞에서 내가 해결하려고 발버둥치기보다 하나님의 도우심을 구하며 원만하게 해결해 나가게 된다.

또한 그동안 내가 수고하느라 외면했던 소중한 가치들에 대해서도 돌아볼 수가 있다. 내가 소홀히 했던 가족이나 소중한 지인들, 혹은 성공과 보상을 위해 제쳐 두었던 나눔과 베풂 등과 같은 소중한 마음들을 가치 있게 여길 수 있게 되는 것이다.

이처럼 안식이라는 선물 안에는 우리에게 생각지도 못한 많은 것이 담겨 있다.

체크 리스트

	질문 리스트	체크란
1	안식이 하나님의 선물임을 인정하는가?	YES / NO
2	나는 지금 삶 속에서 충분히 안식을 취하고 있는가?	YES / NO
3	주일에 안식일을 제정하신 하나님의 의도를 되새겨 보는가?	YES / NO
4	안식 없이 열심히만 하는 것이 오히려 발전을 저해할 수 있음을 인정하는가?	YES / NO
5	안식은 낙오되고 도태하게 하는 것이 아님을 인정하는가?	YES / NO
6	아무리 바쁘더라도 주일에는 다 내려놓고 안식을 취하고 있는가?	YES / NO
7	안식을 통해 삶의 재충전을 경험하고 있는가?	YES / NO
8	안식했을 때 오히려 일을 능률적으로 할 수 있음을 경험하고 있는가?	YES / NO
9	안식을 할 때 그동안 외면했던 소중한 가치들을 돌아보고 있는가?	YES / NO
10	안식하는 동안 하나님과 더 깊은 교제를 나누는가?	YES / NO

Christian
Life Style

12

전도의 삶 I

마태복음 9:35~10:1

✚ 미완성인 나에게 필요한 라이프 스타일은?

　유난히 배 사고가 많은 어촌이 있었다. 배들이 그 지역을 통과할 때면 으레 사고가 나곤 했다. 그래서 그곳의 주민들이 해난사고가 일어났을 때 인명을 구조하자는 마음을 먹고 움막 하나를 지었다. 그리고 낡은 보트 하나를 사서 문제가 생길 때마다 생명을 구하기 위해 애썼다. 누가 알아주거나 돈을 주는 것도 아니지만 열악한 시설로 최선을 다했다. 몇몇의 지역 주민 헌신으로 배가 사고를 만났을 때 많은 생명을 건질 수 있었다. 이런 이야기가 퍼지자 해난 구조소도 유명세를 타기 시작했다. 심지어 인근 지역에 있는 사람들도 자극을 받고 이 일에 헌신하겠다며 협력 관계를 요청했다. 좋은 소문을 듣자 여러 곳에서 많은 사람이 몰려와 자원봉사자를 신청하기도 했다. 결국 새 보트를 구입하고 사람들을 잘 훈련하기 위해 구조소도 확장하게 되었다.

그런데 이때부터 문제가 발생하기 시작했다. 찾아온 많은 자원봉사자가 편의시설이 없다며 불평한 것이다. 좋은 비품, 좋은 침대 등 더 나은 편의시설을 요구했고 쉼터도 있으면 좋겠다고 했다. 결국 운영위원회가 소집되었고 그 요청에 따라 제법 예쁜 구조소와 쉼터, 카페 공간도 만들어졌다. 그러다 보니 사람들이 찾지 않는 그 해변가가 휴양지가 되어 버렸다. 급기야 봉사하러 오는 사람에게 특별회비를 받기 시작했다. 고용인까지 채용하여 인테리어 장식도 했고, 남에게 자랑할 만큼 로고도 만들었다. 그 즈음에 지나가는 배가 파선을 하게 되어서 구조를 했는데 이때 사건이 터져 버렸다. 잘 단장되고 꾸며진 구조소에 구조된 사람들이 오물을 쏟고 토하면서 엉망이 되자 사람들이 이 상황을 꺼리게 된 것이다. 결국 사람들은 구조소가 더럽혀지지 않도록 밖에서 이들을 씻고 옷을 갈아입힐 다른 공간을 만들자고 결의하였다.

즉, 구조소는 구조된 사람들을 위해서가 아닌 구조자들을 위한 공간이 되기 시작했다. 더 큰 문제는 이런 변화 가운데서 분열이 생겼다는 것이다. '구조소는 구조 대상자들을 위한 공간이니 지금 이런 방향으로 나가는 것은 잘못이다'라고 주장하는 사람들이 있는가 하면, '구조소를 위해 수고하고 헌신한 사람들을 위해 공간이 깨끗하게 활용되어야 한다'라고 주장하는 사람들이 있었다. 그렇게 한바탕 갈등과 소란이 일어났고 결국 이 구조소는 해체되고 말았다.

이 사건은 마치 이 시대의 교회 역사와도 비슷하다. 원래 교회는 이 땅에서 생명을 구원하기 위해 세워졌다. 그런데 교회는 그 사명을 충실히 감당해 오면서 편리를 위해 쉼터를 만들고, 카페를 만들고, 고급스러운 회의실을 구성하기 시작했다. 관심이 마땅히 쏟아야 할 본질적인 것에서부터 비본질적인 것으로 옮겨져 버렸다. 교회는 여러 다양한 일을 하지만 가장 중요한 우선순위는 생명을 구원하는 일이다. 그 본질적인 일을 놓쳐 버리고 여러 가지 사역들로 에너지를 쏟아내고 집중력을 분산시키면 교회는 그 의미를 잃어버리고 만다.

물론 교회는 성경 공부도 해야 하고, 신령한 은사도 체험해야 하고, 여러 구제의 사역들도 감당하고, 여러 가지의 친목도 도모해야 한다. 그러나 이것들 때문에 생명을 구원하는 교회의 본질적인 일이 잊힌다면 분명히 잘못 가고 있는 것이다. 생명을 구원하는 일을 효율적으로 하기 위하여 여러 조직이 필요하고, 제도와 직분, 공간 등을 만드는 것이지, 우리 편의와 즐거움을 위해 무엇인가를 계획하고 만들어서는 안 된다. 예수님이 이 땅에 오신 것은 이 땅에 죽어가는 생명들을 구원하시기 위함이었다.

"인자가 온 것은 잃어버린 자를 찾아 구원하려 함이니라"_눅 19:10

생명을 구하는 것은 주님이 이 땅에 오신 목적일 뿐만 아니라, 이 땅에 교회를 남겨 두신 이유이기도 하다.

"예수께서 또 이르시되 너희에게 평강이 있을 지어다 아버지께서 나를 보그래서 예수님이 이 땅에서 이루신 모든 사역도 결국 영혼 구원으로 귀결된다. 그럼에도 불구하고 우리는 오늘날 영혼을 구원한다는 것을 까맣게 잊어버리고 산다. 교회의 여러 사역들로 분주하고 전도라는 두 글자는 굉장히 진부한 단어가 되어 버리고 있다.

이제 우리는 전도의 중요성을 매 순간 인식하며 삶이 곧 전도가 되도록 노력해야 한다. 전도는 때를 정해서 하는 것이 아닌 일상이 되어야 한다. 영혼 구원의 기회가 주어지면 언제든지 전도자로 나아가야 한다. 이제 전도의 라이프 스타일을 갖기 위해 우리가 반드시 명심해야 할 것이 무엇인지 살펴보자.

✚ 전도의 스타일을 취하라

변화를 위한 Tip 1

주님의 마음을 가져라

전도를 어려워하거나 불가능한 일로 생각하는 사람이 많다. 그러나 전도눈 충분히 우리가 할 수 있고 가능한 일이다. 물론 이것이 가능한 일이 되기 위해서는 전제되어야 할 것이 있는데, 주님의 마음을 가져야 한다는 사실이다. 그렇다면 우리가 가져야 할 주님의 마음이란 어떤 것일까? 바로 불쌍한 영혼을 보고 긍휼히 여기시는 마음이다.

"무리를 보시고 불쌍히 여기시니 이는 그들이 목자 없는 양 같이 고생하며 기진함이라"_마 9:36

예수님은 사역을 하시면서 하나님을 알지 못하는 무리를 바라보실 때마다 목자 없는 양처럼 느끼시며 마음 아파하셨다. 사람들이 보기에는 그 모습에 아무런 문제가 없다고 느꼈겠지만 예수님은 그들이 목자 없는 양처럼 고생하며 기진하고 있음을 느끼셨다. 또한 그들의 모습 속에서 길바닥에 내팽개쳐진 것 같은 인생을 바라보실 수 있었다. 특히 이 말씀에서 '불쌍히 여기셨다'는 단어는 여자의 자궁이란 단어에서 파생됐으며, 창자가 끊어질 듯한 통증을 느꼈음을 내포한다. 바로 전도가 이러한 마음에서 출발한다. 아무리 좋은 프로그램과 도구로 전도를 계획해도 창자가 끊어질 것 같은 아픈 마음이 없으면 전도는 불가능하다.

가족이나 지인 혹은 처음 보는 사람이 아무리 좋은 것들을 누리고 있더라도 예수님을 믿지 않는다면 마음 아파해야 한다. 만약 지인 중 누군가가 돈도 많고, 외모도 출중하고, 높은 지위에 있는데 곧 죽을 병에 걸렸다면 어떨까? 그 모든 자랑거리가 더 이상 자랑으로 여겨지지 않을 것이다. 그가 누리고 있는 그 어떤 것도 소용없음을 알게 될 것이다. 예수님을 믿지 않는 사람도 같은 상황이다. 아니, 그보다 더 심각하다. 예수님을 믿지 않는 사람은 영원한 심판이 기다리고 있기 때문이다. 그러므로 아무리 잘나 보이는 사람이라 할지라도 그가 예수님을 영접하지 않았다면 마음 아파하며 그 영혼을 바라볼 수 있어야 한다.

이 시대는 분명 하나님을 절실히 필요로 하고 있다. 많은 사람이 하나님을 알지 못한 채 고생하며 기진하고 있다. 그래서 언제인가부터 '상담', '치유'와 같은 단어가 중요하게 다루어지고 있다. 아주 많은 분야를 기반으로 상담이 활용되고 있고 사람들은 거기에 의존한다. 그만큼 정상적인 삶을 살지 못하는 사람이 많다. 고통을 이기지 못하고 내팽개쳐진 상태에서 온갖 소외감과 두려움, 절망감을 이겨내지 못한 채 살아가는 사람이 많다. 그런 사람에게 가장 필요한 것은 다름 아닌 하나님이다. 하나님이 주시는 구원의 손길이다. 인간은 창조주이신 하나님을 만나야만 인생의 문제를 궁극적으로 해결할 수 있다. 지금 고생하며 기진하는 목자 없는 양들을 외면해서는 안 된다. 죽음을 목전에 둔 그들을 불쌍히 여기고 하루 속히 목자 되신 예수님으로 인도하기 위해 힘써야 한다.

간절한 기도를 수반하라

"추수할 것은 많되 일군이 적으니 그러므로 추수하는 주인에게 청하여 추수할 일꾼들을 보내어 주소서 하라"_마 9:37~38

예수님이 비유하신 대로 들판에는 곡식이 무르익어 넘실거리는데, 추수할 일꾼이 없다면 어떨까? 결국 그것은 다 거름더미로 변하고 만다. 혹은 다 썩어서 버려야 한다. 만약 내가 심은 곡식이 다 이렇게 버려진다면 그 마음은 이루 말할 수 없을 정도로 슬플 것이다.

주님이 잃어버린 영혼을 보면서 이런 마음을 가지셨다. 그리고 예수님은 이런 상황에서 추수하는 주인에게 청하라고 하셨다. 이것은 하나님께 기도하라는 것이다. 영혼 구원을 위하여 기도하는 것이 전도자로서 우리가 가져야 할 사명이다.

우리는 지금 어떠한 기도를 하며 사는가? 최근에 내가 드리고 있는 기도를 보면 대부분 나를 위한 기도가 많다. 가족을 위해서도 기도하지만 결국 나를 위한 기도인 경우가 많다. 심지어 하나님의 뜻을 이루어 달라고 기도하는데 정작 내 욕심과 내 뜻을 이루기 위한 것인 경우도 흔하다. 그렇게 우리는 나의 안녕과 안위, 복지를 위해 밤을 새워 기도하거나 금식으로 기도하기도 한다.

그러나 과연 전도를 위해서는 얼마나 많이, 열심히 기도하는가? 중보기도 시간 때 형식적으로 기도하지는 않는가? 이것은 심각한 문제이다. 우리가 그토록 몸부림을 치지만, 사명 완수도 못하고 하나님께 영광을 돌리지 못하는 이유가 다 여기에 있다.

"형제들아 내 마음에 원하는 바와 하나님께 구하는 바는 이스라엘을 위함이니 곧 그들로 구원을 받게 함이라"_롬 10:1

바울이 마음에 원한 것은 이스라엘을 위하는 것으로, 그는 자신의 민족을 구원하기 위해 마음으로 간절히 원했고 이것을 두고 하나님께 기도했다. 무엇보다 예수님께서도 십자가에 달려 돌아가실 때 불쌍한 영혼을 위한 기도를 잊지 않으셨다.

"이에 예수께서 이르시되 아버지 저들을 사하여 주옵소서. 자기들이 하는 것을 알지 못함이니이다 하시더라 그들이 그의 옷을 나누어 제비 뽑을 새"_눅 23:34

사람들은 지금 예수님을 향해 침을 뱉고, 조롱하며 옷을 찢고, 채찍으로 때리며, 옆구리를 창으로 찌르고 있다. 그런 그들을 보시면서 예수님은 그들의 죄를 사해 달라고 기도하신 것이다. 우리에게도 이러한 기도가 깊어져야 한다.

기도는 영혼 구원을 위한 최상의 전략이다. 전도는 영혼을 상대하는 것이기 때문에 기도 없이는 전도가 이루어질 수 없다. 프로그램이나 각종 계획도 중요하지만 기도로 준비하는 것이 우선되어야 한다. 기도를 놓치고는 영혼 구원이 불가능하다. 특히 기도는 전도에 있어서 전술, 전략이다. 우리가 마음먹은 대로 전도가 이루어지기는 어렵다. 사람들에게 말을 거는 것도 어렵고, 방문하는 것도 예전처럼 쉽지 않다. 그만큼 기도를 통해 하나님이 주시는 전략이 절실하다. 이러한 사실들을 명심하며 전도자로서 나아가기 전에 먼저 기도자로서 하나님 앞에 나아갈 수 있어야 한다.

변화를 위한 Tip 3

준비가 완료되면 나아가라

전도가 삶이 되기 위해서는 주님의 마음이 우리에게 있어야 하고, 영혼 구원을 위한 간절한 기도가 있어야 할 뿐만 아니라, 전도자에 합당한 행동이 필요하다. 즉 준비가 되었다면 '나아가는 일'이 필요하다. 예수님도 제자를 부르시고 예수님과 똑같은 일을 할 수 있도록 권능을 주셨다. 그러고 나서 내보내셨다.

"예수께서 이 열두을 내보내시며 명하여 이르시되 이방의 길로도 가지도 말고 사마리아인들의 고을에도 들어가지 말고"_마 10:5

권능은 나가서 전도를 위해 사용하라고 주신 것이지 권능을 가지고 자신을 위해 쓰거나 남과 겨루라고 주신 것이 아니다. 권능을 받았다면 잃어버린 영혼을 향해 찾아가야 한다.

우리 역시 전도의 삶을 위해서는 전도 현장으로 가야 한다. 현장으로 나아가야지 전도가 이루어진다. 그런데 왜 우리는 나가지 못하는 것일까? 그것은 우리 안에 있는 육체의 욕망 때문이다. 예수님은 제자들을 보내시면서 말씀하셨다.

"가면서 전파하여 말하되 천국이 가까웠다하고 병든 자를 고치며 죽은 자를 살리며 나병환자를 깨끗하게 하며 귀신 쫓아내되 너희가 거저 받았으니 거저 주라 너희 전대에 금이나 은이나 동을 가지지 말고 여행을 위하여서 배낭이나 두벌 옷이나 신이나 지팡이를 가지지 말라 이는 일꾼이 자기의 먹을 것을 받는 것이 마땅함이라"_마 10:7~10

이처럼 예수님은 제자들을 전도의 현장으로 내보내시면서 복음 전하러 갈 때 공짜로 받았으니 너희도 복음을 공짜로 주고 거기서 어떤 이익을 챙기지 말라고 하셨다. 또한 돈주머니에 금, 은, 동을 넣은 것처럼 돈을 모으는 행위를 금하셨다.

안타깝게도 우리는 내 전대에 돈을 더 채우려는 욕심에 더 사로잡혀 있다. 그래서 전도할 환경과 여건을 주셨음에도 명령에 섣불리 순종하지 못한다. 두 벌 옷이 아니라 세 벌, 네 벌 옷을 가지기 위해 전도의 현장으로 못가고 있고, 손에 황금으로 만든 멋진 지팡이로 붙들기 위해 못가고 있는 것이다. 그밖에도 '전도하면 시간적, 물질적, 명예적으로 손해가 생긴다'며 전도를 포기하게 된다.

그런데 계속해서 이렇게 살다 보면 문제는 심각해진다. 전도하지 않는 교회에 하나님의 영이 함께하실 이유가 없게 된다. 전도하지 않는 각각의 인생에도 하나님이 함께하실 이유가 없다. 건강을 주실 이유도, 재정적 여유를 주실 이유도, 명예를 높여 주실 이유도 없게 된다.

> "하나님의 집에서 심판을 시작할 때가 되었나니 만일 우리에게 먼저 하면 하나님의 복음을 순종하지 아니하는 자들의 그 마지막은 어떠하며"
> _벧전 4:17

하나님의 집에서 심판을 시작할 일이 되었다. 그리스도 앞에서 심판대에 설 그때를 위해 하나님은 지금 우리를 다 평가하고 계신다. 우리의 오늘이 그리스도를 위한 오늘인지를 평가하고 계신다. 만약 우리가 많은 은혜를 받고도 그 은혜를 나를 위해서만 사용한다면 그 심판대 앞에서 어떠할까? 지금 나에게 주신 것들을 하나씩 떠올려 보자. 그것에 감사하며 그것을 주신 이유를 분명히 알자. 그리고 그 이유를 기억하며 전도의 현장으로 나아가자.

✝ 변화된 라이프 스타일이 주는 기쁨

전도라는 기본적인 사명을 감당하기 위해 전도가 생활이 되어야 한다. 그리하면 하나님은 우리를 가장 위대한 일꾼으로 사용하시게 되며 우리는 그 안에서 삶의 참된 의미를 느낄 수 있게 된다.

전도의 삶이 주는 기쁨 1
하나님이 나를 보시며 기뻐하신다

> "너는 그들에게 말하라 주 여호와의 말씀이니라 나의 삶을 두고 맹세하노니 나는 악인이 기뻐하지 아니하고 악인이 그의 길에서 돌이켜 떠나 사는 것을 기뻐하노라 이스라엘 족속아 돌이키고 돌이켜라 너희 악한 길에서 떠나라 어찌 죽고자 하느냐 하셨다 하라"_겔 33:11

하나님은 악인이 악하기 때문에 죽는 것을 원하지 않으시고 악인이 악한 자리에서 돌이켜서 사는 것을 기뻐하신다. 하나님은 이것을 이스라엘 백성에게 선포하라고 하신다. 이처럼 하나님은 영혼이 주께로 돌아와 구원받는 것을 기뻐하신다.

그러므로 하나님이 영광을 받으시기 위해 하나님 선택한 최고의 사역은 전도이다. 이 일이 이루어질 때 하나님이 영광받으시고 이 일이 성취될 때 하나님께서 그분의 계획을 완성하시게 된다. 그러므로 우리 그리스도인이 죄인을 구원하려는 하나님의 구원 계획에 동참하게 되면 하나님을 영화롭게 해 드릴 수 있고, 하나님께 기쁨을 드릴 수 있다. 또한 이렇게 하나님께 가장 큰 기쁨을 드릴 수 있다는 것은 나에게도 영광스러운 일이다. 육신의 아버지, 어머니에게 큰 기쁨이 될 만한 일을 해 드리면 나 역시 행복하듯, 하나님의 기쁨이 되는 삶을 살면 인생이 가장 보람되고 즐겁다.

전도의 삶이 주는 기쁨 2
알차고 값진 열매를 거두며 살게 된다

우리는 살아가면서 많은 노력과 많은 수고, 투자를 한다. 그렇게 고생한 후에 열매를 얻는데, 막상 노력한 것보다 부실한 열매를 얻게 될 때가 많다. 또한 시간이 지나면 열매가 가치 없게 되기도 하고 수고해서 얻은 열매를 아쉽게 잃어버리기도 한다. 이것이 세상에서 흔히 일어나는 일이다. 그래서 많은 사람이 고생한 후에 그에 맞는 열매를 얻었다고 하면서도 늘 허무해한다. 또한 그것을 놓칠까 봐 불안해한다. 진정한 보람을 느끼지 못하고 그것이 삶의 기쁨이 되지 못하는 것이다.

그런데 전도의 열매는 그 어떤 것보다 알차고 값진 열매이다. 마치 의사가 더 이상 가망이 없는 환자를 살렸을 때의 상황과도 같다. 다른 것도 아닌 생명을 살려냈기에 가장 보람될 수 있듯이 우리도 전도를 하면 가장 보람된 열매를 거두게 된다. 더 나아가 전도한 사람이 신앙 안에서 잘 성숙하는 것을 보게 되면 그 기쁨은 배로 더해진다. 무엇보다 이것은 하늘에까지 이어지는 영원한 가치를 갖는다. 이처럼 전도하는 사람은 가장 알찬 열매를 맺어가면서 세상에서 맛보지 못한 기쁨을 갖게 된다.

	질문 리스트	체크란
1	교회가 감당해야 할 기본 사명이 전도임을 인정하는가?	YES / NO
2	불신자를 보면 그 어떤 사람보다 불쌍하다는 생각이 드는가?	YES / NO
3	그런 불신자를 보면서 전도에 대한 의지를 갖는가?	YES / NO
4	지금 마음에 전도하려고 품고 있는 영혼이 있는가?	YES / NO
5	먼저 구원받은 것에 대해 진심으로 감사하는가?	YES / NO
6	나의 안위, 필요를 위한 기도보다 잃어버린 영혼들을 위해 더 많이 기도하는가?	YES / NO
7	전도 방법, 프로그램 등보다 전도를 위한 기도가 더 중요함을 인정하는가?	YES / NO
8	전도를 위해 물질적인 유익도 기꺼이 포기할 수 있는가?	YES / NO
9	하나님이 주신 은사를 전도를 위해 기꺼이 사용하고 있는가?	YES / NO
10	주님의 마음을 품고 기도로 준비하고 실질적으로 나아가는 전도의 삼박자를 갖추고 있는가?	YES / NO

Christian
Life Style

13

13

전도의 삶 Ⅱ

마태복음 10:5~15

✚ 미완성인 나에게 필요한 라이프 스타일은?

 공기는 지천에 널려 있고, 삶의 공간을 가득 채우고 있다. 공기는 없으면 안 되는 소중한 것이다. 그러나 우리는 평상시 공기의 소중함을 별로 느끼지 못한다. 오히려 평상시에 나에게 없는 무엇인가를 꼭 필요한 것처럼 추구하고 소중히 여기지만, 정작 우리 생활에 흔히 널려 있는 것들이 가장 소중한 것들인 경우가 많다. 공기뿐만 아니라, 낮과 밤도 마찬가지이다. 밤이 없이 계속 낮이 이어진다면 우리는 온전한 정신 상태를 유지할 수 없을 것이다.

 이처럼 삶의 현장에서 가장 흔한 것들이 가장 소중함에도 불구하고 우리는 그러한 것들을 가장 무시하고 살아간다. 꼭 물질적인 것만이 아닌, 사랑, 희망, 행복 등과 같은 것들도 우리에게 굉장히 필요하고 절대적임에도 평상시에는 소중함을 모를 때가 많다.

신앙생활도 마찬가지이다. 신앙생활을 하면서 우리가 많이 언급하며 쓰는 표현일수록 중요한 것일 때가 많다. 그러나 오히려 우리는 그것들을 가볍게 여기곤 한다. 가령, '기도'는 신앙생활에 있어서 가장 많이 쓰이는 단어 중 하나이다. 기도가 없이는 신앙생활을 영위해 낼 수 없을 정도로 기도는 중요하다. 그러나 기도란 말을 워낙 많이 쓰고 쉽게 말하다 보니 소중함을 잘 느끼지 못한다. 심지어 '기도하자', '기도해라' 등의 말을 뻔한 소리로만 들을 때도 많다.

또한 성도에게 삶의 이유이자 목표이기도 한 예배 역시 수도 없이 쓰는 용어이다. 예배의 종류도 워낙 많아 흔하디 흔한 것이 되어 버렸다. 그래서 예배의 가치를 잘 못 느끼는 교인도 많아지고 있다. 이처럼 우리는 흔한 것들을 제쳐 두고 신비롭고 은밀해 보이는 체험들이 우리의 신앙생활을 바꾸어 줄 것처럼 예상하며 의지하려고 할 때가 많다. 그런 것들이야말로 신앙생활에 절대적인 유익을 가져다줄 것이라고 생각한다.

전도 역시 그토록 중요한 것임에도 교인들에게 너무나 익숙하고 흔한 것으로 여겨지곤 한다. '전도해야 한다'고 하면 지겨운 마음을 갖거나 부담스러움을 느낄 정도이다. 그러나 우리가 어떻게 생각하든, 하나님은 전도의 중요성을 시시때때로 기억하기를 원하신다. 예수님도 전도를 하나의 의무로 명하셨다.

"누구든지 사람 앞에서 나를 시인하면 나도 하늘에 계신 내 아버지 앞에서 그를 시인할 것이요 누구든지 사람 앞에서 나를 부인하면 나도 하늘에 계

전도는 교인 수를 채우는 수단이 아니고, 교회에서 일 년에 한두 번 여는 특별 행사가 아니다. 전도는 모든 그리스도인의 신앙고백이다. 하나님의 살아계심을 시인하고 예수가 그리스도이심을 시인하는 행위이다. 그만큼 필수적이고 아무리 강조해도 지나치지 않는 것이다. 또한 말씀에 언급된 대로 하나님 앞에 인정받을 수 있는 행위이다. 그렇다면 이렇게 중요한 전도를 라이프 스타일로 삼기 위해서 알아 두어야 할 것이 무엇인가?

✚ 전도의 스타일을 취하라

변화를 위한 Tip 1
대상자를 잘 선정하라

고백과 독백의 차이는 무엇인가? 독백은 혼자서 하는 것이지만 고백은 대상자를 상대로 하는 것이다. 상대에게 내 마음을 쏟아 놓고 드러내어 표현하는 것이다. 전도가 우리의 신앙고백이라면 내 신앙고백을 전할 대상이 반드시 있어야 한다. 그러므로 전도의 삶을 살기 위해서 대상자를 선정하는 과정이 필요하다. 내가 누구에게 예수를 전할지 상대를 선정해야 전도의 실제적인 행위가 시작된다.

예수님도 열두 제자를 파송하실 때 대상자를 정해 주셨다.

"예수께서 이 열둘을 내보내시며 명하여 이르시되 이방인의 길로도 가지 말고 사마리아인의 고을에도 들어가지 말고 오히려 이스라엘 집의 잃어 버린 양에게로 가라 … 어떤 성이나 마을에 들어가든지 그 중에 합당한 자를 찾아내어 너희가 떠나기까지 거기서 머물라 "_마 10:5~6, 11

물론 예수님이 전도의 대상을 제한하고 계신 것은 아니다. 분명히 예수님은 모든 사람에게 전도해야 할 것을 말씀하셨다.

"또 이르시되 너희는 온 천하에 다니며 만민에게 복음을 전파하라"_막 16:15

이처럼 제한을 두어서는 안 되지만 지금 이 순간에 전도해야 할 대상자는 반드시 정해 두어야 한다는 것이다. 그런데 대상자를 잘 선정하기 위해서는 기도가 필요하다. 그냥 닭 모이를 주듯이 만나는 대로 전도할 수도 있지만 구체적으로 정하는 과정이 수반되어야 한다. 노방전도를 할 때에도 '나는 오늘 어느 도시의 어느 골목에 지나가는 사람들에게 복음을 전하겠다'와 같은 계획을 세워야 한다. 마치 선교사들이 온 천하의 온 민족에게 복음을 전해야 하지만 어느 특별한 국가나 종족, 언어권의 사람들을 택하고 그 지역으로 파송되어 선교하는 것처럼 우리도 그래야 한다.

바울과 바나바의 전도를 통해서도 이 사실을 다시금 확인할 수 있다.

바울과 바나바가 담대히 말하여 이르되 하나님의 말씀을 마땅히 먼저 너

희에게 전할 것으로되 그러나 너희가 그것을 버리고 영생을 얻기에 합당
하지 않은 자로 자처하기로 우리가 이방인에게로 향하노라"_행 13:46

바울과 그의 선교 일행도 무작정 선교하지 않았다. 어느 도시로 가서 먼저 어떤 사람들에게 복음을 전할 것인지를 먼저 선정했다. 이후에 〈사도행전〉 16장에서도 복음을 전하기로 자신들 마음에 소원을 가지고 있었는데 밤에 마게도니아의 환상을 본 결과 선교지를 또 다른 곳으로 선정하였다. 이처럼 선교지를 선정하고 나아가는 과정이 우리에게 반드시 필요하다.

무엇보다 이 일은 성령께서 이끄셨다고 기록하고 있다. 성령의 역사는 우리를 아무렇게나 이끌지 않으신다. 영혼을 구원하는 중요한 사역을 위해서 분명한 대상자들을 선택하게 하는 것부터 시작하신다. 이제 전도의 명령에 순종하기 위해서 대상자부터 선정해야 한다. 그리고 그 대상자를 위해 기도로 준비해야 한다.

변화를 위한 Tip 2

긍정적인 눈으로 접근하라

전도의 삶을 살기 위해서는 세상을 바라보는 눈이 긍정적이어야 한다. 즉, 모든 것을 긍정적으로 접근하는 것이 필요하다. 간혹 성도 중에는 세상을 무조건 비관적, 부정적으로만 바라보는 경우가 있는데, 세상과 벗하지 않기 위해 그런 생각을 갖는 것은 필요하겠지만 세상에 거하는 사람들에 대해서는 시선을 바꾸어야 한다. 모두 지옥 갈 사람이라면서 한심해 하거나 희망이 없는 사람들로만 보아서

는 안 된다.

　무엇보다 전도자로서 긍정적인 사고를 가져야 하는 이유는 복음이라는 것 자체가 기쁜 소식이기 때문이다. 예수 안 믿으면 지옥에 간다는 것이 복음이 아니라, 예수 믿으면 천국에 간다는 것이 복음이다. 복음은 그 자체가 비관적, 부정적, 절망적일 수 없다.

　이와 연관하여 복음을 전할 때 나 스스로 우월감에 젖어 있어도 안 된다. 나는 교회도 잘 다니고 성경에 대해서도 많이 알고 저 사람들과는 수준이 다르다며 상대적으로 의로운 사람인 양 생각해서는 안 된다. 우리는 먼저 구원의 은혜를 받은 자로서 오히려 그들에게 빚진 마음을 가지고 있어야 한다.

　또한 복음의 핵심인 구원이라는 의미 자체도 부정적인 것과는 완전히 반대됨을 기억해야 한다. 구원은 절망의 자리에서 건져내는 것, 죽음의 자리에서 구해 주는 것, 심판의 자리에서 옮겨내는 것이기에 오히려 부정적인 사고와 반대된다. 그러므로 전도는 절망의 삶을 사는 사람들에게 진정한 희망을 보여 주는 것이 되어야 한다.

　예수님 역시 제자들에게 전도할 때 천국 이야기를 꺼내라고 하셨다.

　"가면서 전파하여 말하되 천국이 가까이 왔다 하고"_마 10:7

　그러므로 이제 제자들은 지옥이나 심판이 가까이 왔다고 말하지 말고, 천국이 왔고 메시아이신 예수님이 오셨음을 전해야 했다. 또한 예수님은 말씀하셨다.

> "병든 자를 고치며 죽은 자를 살리며 나병환자를 깨끗하게 하며 귀신을 쫓
> 아내되 너희가 거저 받았으니 거저 주라" _마 10:8

전도의 행위는 남을 죽이고, 빠뜨리고, 얽어 묶는 행위가 아니다. 전도 자체가 긍정적이므로 전도자의 사고와 바라보는 시선, 세상을 향한 접근 역시 긍정적이어야 한다. 고치고 살리기 위해 나아가야지 죽이고 저주하고 판단하기 위해 나가서는 안 된다. 이 세상이 아무리 멸망을 향해 나아가고 영적으로 썩어지고 있다지만, 예수 그리스도는 어느 곳에서든 참 소망이 되어 주신다. 그러므로 우리가 예수님의 향기를 통해 복음에 담긴 사랑을 전하자. 부정적일 수밖에 없던 이 땅에 하나님이 허락하신 복음의 씨를 뿌리자.

변화를 위한 Tip 3

성령님께 순종함으로 전도하라

우리는 나약한 존재이지만 하나님이 주신 권세로 복음을 전할 수 있다. 아무리 부족하고 약하고 침침한 인생일지라도 하나님이 나와 함께하시고 내게 권세를 주시면 우리는 복음을 전할 수 있다. 그리고 이러한 확신이 있어야 '당당히' 전도를 할 수 있다.

> "누구든지 너희를 영접하지도 아니하고 너희 말을 듣지도 아니하거든 그
> 집이나 성에서 나가 너희 발에 먼지를 떨어버리라" _마 10:14

이것은 교만 방자하게 전도하라는 말이 아니라 신적 권위를 가

진 것에 대한 절대적 확신이 있어야 한다는 것을 의미한다. 특히 지금 우리는 그들을 심판으로부터 건져내야 하는 상황이다. 그러니 우물쭈물해서는 안 된다. 침몰하는 배에 있는 사람들을 구조선에 옮길 때 우유부단하게 행동해서는 안 되고, 억지로라도 끌어내야 하듯 우리는 그들을 살리기 위해 당당하게 전도해야 한다.

또한 예수님은 말씀하셨다.

> "너희를 영접하는 자는 나를 영접하는 것이요 나를 영접하는 자는 나를 보내신 이를 영접하는 것이니라"_마 10:40

즉 우리가 전도할 때는 예수 그리스도를 대신한다는 것이다. 그러므로 우리를 영접하는 사람은 예수님을 영접하는 것이고, 우리를 배척하는 자는 예수님을 배척하는 것과 같다. 이렇게 신적인 권위를 주신 주님은 전도하는 내내 우리와 함께하신다. 또한 전도할 때 어떤 말을 어떻게 해야 할지 고민할 필요도 없다. 전도자로서 성령에 이끌림을 받으면 그 도우심을 힘입게 된다.

> "너희를 넘겨줄 때에 어떻게 또는 무엇을 말할까 염려하지 말라 그 때에 너희에게 할말을 주시리니 말하는 이는 너희가 아니라 너희 속에서 말씀하시는 이 곧 너희 아버지의 성령이시니라"_마 10:19~20

그러므로 우리가 복음을 전하다가 핍박을 받고 더러 환란도 당하고, 감옥에 붙들리기도 하고, 곤란한 지경에 처할 때에도 이 상황을 어떻게 빠져나갈지 두려워 떨 필요가 없다. 우리에게 할 말을 가르치시는 성령님이 그때그때 깨닫게 하신다. 성령은 전도의 삶을 책임져 주신다.

우리기 순종함으로 신적 권위를 확신하고 나아가면 주님께서 훗날 전도의 열매를 맺게 하신다. 당장은 불신 가운데서 핍박하는 소리가 들리겠지만 훗날 그 소리가 찬송 소리로 바뀔 것이다. 그러한 미래를 믿음의 눈으로 바라보며 나아가자.

✛ 변화된 라이프 스타일이 주는 기쁨

전도를 구체적으로 실행하기 위해서 하나님이 허락하신 능력을 안고 빨리 세상에 나아가야 한다. 전도하는 자에게 주시는 은혜를 더 알아보자.

전도의 삶이 주는 기쁨 1
가장 위대한 사역자로 남게 된다

전도라는 사역은 우리에게 주어진 지상 최대의 명령이다. 우리는 이것을 잘 지켜 행하여 가장 위대한 사역자가 되는 것이다. 우리는 가끔 성경 속에 나오는 신앙의 인물들을 보면서 존경스럽거나 대단하다고 생각하는데, 그들이 하나님께 인정받을 수 있었던 것은 복음 전파를 위해 달려갔기 때문이다. 그러므로 그들이 누린 영광은 남의 이야기가 아니다. 우리도 복음 전파에 힘쓰므로 더 많은 사람에게 영향을 끼칠 수 있는 신앙의 위인이 될 수 있다. 가장 위대한 사역자가 되어 천국에서 잘했다 칭찬받는 종이 될 수 있다.

그러므로 아무리 바쁘고 다른 일에 치인다 해도 전도를 우선순위에 놓아야 한다. 당장은 전도한 것이 열매가 안 맺어질 수 있지만 우리는 이미 전한 그 자체만으로도 잘했다 칭찬받는다.

삶으로 복음이 전달된다

전도를 나의 라이프 스타일로 삼게 되면 점점 내 삶 자체가 전도가 된다. 불신자를 대할 때도 영혼 구원을 향한 사랑의 마음으로 다가서게 되고 수시로 그를 위해 기도해 주게 된다. 또한 예수님을 증거하는 자로서 삶이 흐트러지지 않도록 노력하게 된다. 부정적인 말이나 생각도 삼가게 되고, 좋은 생각과 언어로 나를 채우게 된다. 그렇게 되면 나에게서 점점 예수님의 향기가 나고, 사람들이 나로 인해 오히려 기쁨을 누릴 수 있다.

또한 전도가 삶 자체가 되면 군이 어떤 말을 하지 않아도 사람들이 나를 통해 예수님을 궁금해 하게 된다. 나의 모습을 통해 간접적으로나마 예수님을 알아갈 수 있게 된다. 이처럼 전도의 라이프 스타일은 복음을 보다 자연스럽게 전할 수 있게 해 준다.

체크 리스트

	질문 리스트	체크란
1	흔하디 흔하게 듣는 전도가 우리에게는 너무나 필수적인 것임을 인정하는가?	YES / NO
2	전도하기 전에 전도해야 할 대상자를 먼저 정하는가?	YES / NO
3	정해진 대상자를 위해 수시로 기도하는가?	YES / NO
4	전도자인 내 삶을 통해 예수님의 향기가 나고 있다고 생각되는가?	YES / NO
5	복음을 전하는 자로서 긍정적인 사람이 되도록 노력하는가?	YES / NO
6	전도할 때 만큼은 내가 예수님을 대신함을 인정하는가?	YES / NO
7	전도할 때 세상에 대한 긍정적인 마인드를 가지고 나아가는가?	YES / NO
8	전도할 때 누가 뭐래도 당당하게 나아갈 수 있는가?	YES / NO
9	전도하는 내내 예수님이 내 곁에서 함께하심을 믿는가?	YES / NO
10	전도할 때 성령께서 할 말을 일러 주시고 내 입술을 주관하실 것을 기대하고 있는가?	YES / NO

Christian
Life Style

14

쓰임받는 삶

마태복음 21:1∼5

✚ 미완성인 나에게 필요한 라이프 스타일은?

    성경에는 그리스도인에 대한 호칭이 다양하게 등장한다. '그리스도의 편지'라고 칭한 곳도 있는가 하면 '그리스도의 군사', '그리스도의 향기' 혹은 '그리스도의 종'이라고 일컬어지는 곳도 있다. 또한 예수님은 세상의 빛과 소금이라고 칭하기도 하셨다. 이것은 세상에서 소금처럼 빛처럼 살라는 것이 아니라, 우리 자체가 소금이자 빛이라는 의미이다.

    그런데 이러한 호칭들이 가지고 있는 공통점이 있다. 바로 하나님의 쓰임을 받는다는 것이다. 편지는 편지로서 쓰임을 받을 때가 가치가 있다. 또한 종이나 군사가 되려면 그에 마땅한 역할을 감당하며 쓰임받아야 하고, 향기나 종이가 되기 위해서도 이름을 가진 것만으로는 의미가 없다. 향기를 발하거나 기록되어지는 것 같은 역할을 해야 의미가 있다. 빛과 소금으로서의 역할도 마찬가지이다. 이 자체만으로는 아무런 의미가 없고 쓰임을 받아야 한다.

> "너희는 세상의 소금이니 소금이 만일 그 맛을 잃으면 무엇으로 짜게 하리요 후에는 아무 쓸데 없어 다만 밖에 버려져 사람에게 밟힐 뿐이니라"
> _마5:13

이처럼 그리스도인은 쓰임받지 아니하면 버려질 뿐이다. 동시에 '쓰인다면' 하나님께 영광을 돌리는 존재가 될 수 있다.

> "너희는 세상의 빛이라 산 위에 있는 동네가 숨겨지지 못할 것이요 사람이 등불을 켜서 말 아래 두지 아니하고 등경 위에 두나니 이러므로 집안 모든 사람들에게 비치느니라 이같이 너희 빛이 사람 앞에 비치게 하여 그들로 너희 착한 행실을 보고 하늘에 계신 너희 아버지께 영광을 돌리게 하라"_마5:14~16

이때 중요한 사실은 빛이 반드시 빛으로 쓰여야 한다는 것이다. 빛이 말 아래에 있어서 빛으로 쓰이지 못하면 쓰인다고 해도 아무 의미가 없다. 빛은 분명 등경 위에 놓여 많은 사람에게 밝히는 일에 쓰여야만 한다. 그런 역할을 할 때 우리는 하나님께 영광을 돌릴 수 있다.

그리스도인이라는 존재의 본질적인 의미는 '하나님 앞에 쓰임받는 존재'이다. 또한 쓰임받는다는 것은 곧 하나님께 영광을 돌릴 수 있다는 것이다. 그래서 성경은 빛, 소금, 편지, 군사, 향기, 종이 등 쓰임받을 때만 그 진가를 발휘할 수 있는 것들로 우리를 부르고 있다. 그렇다면 우리는 지금 하나님께 쓰임받는 삶을 살고 있는가? 18세기에 영국과 미국에서 대부흥사로 사역을 감당했던 조지 휘트필드는 "녹슬어 못 쓰는 인생이 되지 말고 닳아서 없어지는 인생이 되자."라고 말했다. 그의 말처럼 실컷 쓰임받다가 닳아서 없어지는 인생이 훨씬 더 영광스러운 것이 분명하다.

그런데 우리는 이 말에 동의하면서도 정작 쓰임받기를 주저하고 거절하는 삶을 살 때가 많다. 이제 말로만 쓰임받겠다고 고백하는 삶이 아닌, 삶을 주님께 내어드리는 모습으로 나아가야 한다. 쓰임받는 것이 부담되고 귀찮은 것이 아니라, 자연스럽게 삶에 어우러지는 라이프 스타일로 형성되어야 한다.

✚ 쓰임받는 스타일을 취하라

변화를 위한 Tip 1

쓰임받을 때 매인 것이 풀어짐을 기억하라

예수님이 제자들을 향해 세상의 빛과 소금이 되라고 말씀하셨던 때는 예루살렘으로 입성하시는 상황이었다. 사역의 마지막 정점을 찍기 위해 나아가는 때였다. 즉, 예수님은 많은 부분에서 사역을 감당하신 상황이었고 십자가 고난과 죽음이라는 사명만을 앞두고 계셨다. 그런데 예수님은 매우 중요한 이 순간에 지금까지의 조금 다른 행보를 하셨다. 지금까지는 제자들과 함께 섬과 촌을 두루 다니시면서 복음을 전하셨는데 사역의 정점을 찍는 이 시점에 와서는 예루살렘 성에 들어갈 때 나귀를 타겠다고 하신 것이다. 그것도 구체적으로 건너편 마을에 가서 매여 있는 나귀를 가지고 오라고 말씀하셨다. 아마 이 말씀을 들은 제자들은 대단히 당혹스러웠을 것이다. 그러나 말씀에 순종하여 제자 두 명이 건너편 마을로 보내심을 받았다. 사실 예수님이 계신 곳과 예루살렘까지는 직선으로 약 2Km 정도밖에 되지 않는다. 지금 우리 상황에서는 걸어가기에는 조금 힘들게 느껴질 수 있겠지만 당시 상황에서는 걷기에 충분한 거리였다. 게다가 예수님은 더 먼 거리도 걸어 다니시며 사역하셨다. 그러나 제자들이 가지고 온 나귀를 타고 성으로 들어가셨다.

놀랍게도 예수님이 들어가자 온 성이 소동을 하기 시작했고 예수님께 영광과 칭송을 드렸다.

"예루살렘으로 들어가시니 온 성이 소동하여 이르기를 이는 누구냐 하거늘"_마 21:10

이 상황은 구약성경에서 예언된 말씀이 지금 실현되는 것이기도 하다.

"시온의 딸아 크게 기뻐할지어다 예루살렘의 딸아 즐거이 부를지어다 보라 네 왕이 네게 임하시나니 그는 공의로우시며 구원을 베푸시며 겸손하여서 나귀를 타시나니 나귀의 작은 것 곧 나귀 새끼니라"_슥 9:9

그렇게 예수님은 나귀를 타고 들어가시면서 칭송받으셨고 구약의 말씀을 이루셨다.

그런데 제자들도 의아해할 법 했듯이 조금 신기하게 여겨질 것은 바로 나귀를 타셨다는 것이다. 예수님의 그간 사역에 나귀가 쓰인 적이 없고 마땅히 있어야 한다고 생각지도 않았던 존재가 바로 나귀이다. 그러나 이렇게 중요한 순간에 쓰임을 받았다. 우리는 쓰임받는 라이프 스타일을 가져야 할 자로서 이 나귀에 주목을 해 보아야 한다.

우선 나귀는 지금 영광스러운 일에 동참했다는 사실이다. 예수님이 사람들에게 칭송을 받으시는데 그분을 태우고 있으니 말이다. 그러나 우리는 이 나귀의 모습을 보면서는 영광스러운 일에 동참했다고 생각하지만, 정작 우리도 비슷한 기회가 주어졌을 때는 영광스럽다는 생각을 하지 못한다. 주님이 우리를 쓰겠다고 하실 때 우리가 가진 보편적인 생각은 '쓰임받는 것은 수고롭다'는 것이다. 내가 희생한다는 생각, 내가 고생한다는 생각을 먼저 하게 되는 것이다. 즉, '내게 손해이다'라는 생각이 먼저 떠오르곤 한다. '몸도 고생이고 시간적으로나 물질적으로도 손해 보겠구나' 하면서 부정적인 느낌을 갖는다.

특히 우리는 쓰임받는 것이 '매이는 것'이라고 생각하며 꺼려한다. 교회 안에서 어떤 직책을 맡게 되며 그 일에 계속 매여야 한다고 생각한다. 가령 성가대를 하거나 목자로 섬기게 될 때 정기적으로뿐만 아니라, 시시때때로 그 일을 위해 수고해야 하기 때문에 매이게 된다고 여긴다. 그러나 쓰임받는 것이 과연 매이는 것일까? 성경은 오히려 쓰임받는 것이 묶임에서 풀어지는 일임을 증거한다.

"너희는 맞은편 마을로 가라 그리하면 곧 매인 나귀 새끼가 함께 있는 것을 보리니 풀어 내게로 끌고 오라"_마 21:2

여기서 '매이다'는 것과 '풀린다'는 것이 대조를 이루고 있다. 즉, 나귀의 입장에서 보면 대조적인 상황을 맞게 됨을 알 수 있다. 나귀는 원래 '매여 있는' 존재였는데 주님께서 나귀를 타겠다고 선택을 하시고 그에 따라 쓰임을 받자 나귀가 매인 자리에서 '풀려진' 것이다. 매여 있던 나귀를 주님이 쓰시려면 풀어야만 한다. 매여 있는 채로는 못 쓰인다. 즉 쓰임받는 것은 풀어지는 일이며, 우리 역시 쓰임받게 되면 매여 있고 묶여 있었던 것에서부터 풀어지게 된다. 이 땅에서 행하신 예수님의 사역 자체는 묶인 것이 아니라 풀어 헤치는 것이었다.

"예수님께서 모든 도시와 마을에 두루 다니사 그들의 회당에서 가르치시며 천국 복음을 전파하시며 모든 병과 모든 약한 것을 고치시니라"_마 9:35

예수님은 이 땅에서 만나신 사람들을 보시며 불쌍히 여기셨다. 그들은 목자 없는 양과 같이 고생하며 기진하고 있었기 때문이다. 즉, 고생에 묶여 있었고 낙심에 묶여 있었다. 또한 절망과 좌절에 묶여 있었다. 그들은 무엇을 위해 어떻게 살아야 될지, 삶의 목표조차 갖지 못한 채 그런 낙망 속에 묶여 있었는데 예수님이 천국 복음을 그들에게 전파하셨다. 복음을 통해 그들을 묶여 있었던 것으로부터 풀어 주시고 질병을 고쳐 주시고 약함에서 회복시켜 주셨다. 이렇게 묶여 있는 것을 풀어 주는 것이 주님의 사역이었다. 그러므로 주님의 귀한 사역의 현장에서 쓰임을 받게 되면 인생이 매임의 자리에서 풀리는 역사가 일어난다.

안타깝게도 우리는 이러한 원리를 모른 채 쓰임받는 것을 연기하려고 한다. 다른 것에 매여 있고 묶여 있어서 바쁘니 다음에 하겠다는 것이다. 어떤 성도는 물질이 지금 묶여 있는 상황이라서 안 된다고 하고, 어떤 성도는 시간이 묶여 있어서 어쩔 수 없다고 한다. 혹은 건강 문제나 자녀 문제 등에 매여 있어서 할 수 없다고 한다. 그러나 아무리 절박한 상황일지라도 이 모든 것은 핑계와 변명에 불과하다. 내가 다 풀어 놓고 쓰임받겠다는 것은 마귀가 우리를 속이는 고도의 전략일 뿐이다. 왜냐하면 쓰임을 받는 것이 오히려 그것에서 풀어질 수 있게 하기 때문이다.

내가 묶인 묶임을 풀어 보려고 하면 허송세월만 보낼 뿐이다. 실제로 지난 숱한 세월을 돌아보면 어떠한가? 나름 잘 풀리는 인생을 살아보려고 이모저모로 노력을 했을 것이다. 그러나 여전히 매여 있고 묶여 있는 듯한 답답함 때문에 다들 고생하고 있다. 이제 예수님께 나아와야 한다. 그리고 쓰시겠다고 하실 때 기꺼이 내 자신을 내어드려야 한다. 그때 예수님은 나의 모든 매임을 풀어 주신다. 수년 간, 수십 년간 풀리지 않던 것이 그때부터 풀리기 시작하게 될 것이고 나는 비로소 충성해야 할 일에 참여할 수 있게 될 것이다.

쓰임받을 때 귀한 신분으로 변화됨을 기억하라

쓰임받는 인생이 되기 위해 한 가지 더 기억해야 할 것은 쓰임받으면 천한 인생에서 귀한 인생으로 신분이 변화될 수 있다는 것이다. 예수님이 타셨던 나귀는 본래 마을 한 촌부의 가정에서 짐을 나르는 짐승으로 매여 있었다. 그런데 그가 왕이신 예수 그리스도를 태우게 되었다.

> "네 왕이 네게 임하시나니 그는 공의로우시며 구원을 베푸시며 겸손하여
> 서 나귀를 타시나니 나귀의 작은 것 곧 나귀 새끼니라"_슥 9:9

나귀는 이제 만왕의 왕이신 예수 그리스도를 태우는 신분과 소속으로 변화되어 버렸다. 방금 전까지만 해도 시골 촌부의 집에서 짐을 옮기던 짐승으로 매여 있었는데 주님이 쓰시자 매임에서 풀려났을 뿐만 아니라 왕이신 예수님께로 소속이 옮겨진 것이다. 뿐만 아니라 왕으로 예루살렘에 입성하는 그 현장에 이 나귀가 함께하게 되었다. 천한 나귀가 이 존귀한 자리에 쓰임을 받게 된 것이다.

이처럼 쓰임을 받으면 우리의 인생이 달라진다. 무가치해 보이고, 쓸모없어 보이고, 사람들에게 늘 한탄과 근심, 염려의 대상이었던 인생이 쓰임받으면 존귀한 인생이 된다. 베드로가 대표적인 경우라고 할 수 있다. 베드로는 어부에 불과했고 매일 고기를 잡고 비늘을 벗기는 일을 할 뿐이었다. 그런데 예수님은 그에게 말씀하셨다.

베드로와 그의 형제는 그물을 버리고 예수님을 따라갔다. 그 부르심에 순종하여 나아간 베드로는 결국 물고기를 낚던 어부에서 사람을 낚는 어부, 즉 생명을 다루는 존귀한 자리에서 쓰임을 받게 되었다. 예수님의 것이 되는 순간 그의 인생은 가장 영광스러운 길로 들어서게 된 것이다.

이처럼 사람은 누구에게 쓰임을 받느냐에 따라서 소속과 신분이 결정된다. 칼 한 자루도 과학자의 손에 들리면 우리 생활에 필요한 것들을 만드는 가치 있는 도구가 되지만 강도의 손에 붙잡히면 사람의 생명을 해치는 도구가 된다.

우리 역시 땅에 살지만 하나님께 쓰임받음으로써 천국 백성, 즉 하늘에 소속된 자로 살아야 한다. 천하의 갑부라고 할지라도 하나님께 쓰임받지 않는 인생은 의미가 없다. 볏바게 어느 한 마을에 묶여 있는 촌부의 나귀 신세와도 같은 것이다. 아무리 많이 가진 것 같아도 결국은 땅에 묶여 있는 인생일 뿐이다. 우리는 하나님의 소속이 될 수 있는 기회를 놓치지 말아야 한다. 하나님이 기꺼이 쓰시겠다고 하실 때가 은혜와 기회임을 알고 베드로처럼, 나귀처럼 순종하며 나아가야 한다.

우리는 하나님의 소속이 되고 풀리는 삶을 살게 하는 쓰임받는 인생이 되어야 한다. 주님이 쓰시겠다고 하면 언제든지 순종해야 한다. 이렇게 쓰임받는 라이프 스타일을 갖게 되면 더 놀라운 변화들이 일어난다.

끌려다니는 인생에서 영광받는 인생으로 바뀐다

우리는 살아가면서 이리 저리 끌려 다닐 때가 많다. 윗사람에게 끌려다니면서 몸을 혹사시키기도 하고 일에 끌려다니면서 육체적인 수고를 거듭하기도 한다. 그런데 끌려다니는 것이 고통스러운 것은 비참함을 느끼게 한다. 사람에게 끌려다닌다는 것은 눈치를 보면서 시키는 대로 다 해야 하는 자존심 상하는 상황일 수 있다. 정말로 존경하는 마음에 누군가를 좇으며 거들어 드리는 것은 기쁨일 수 있지만 그런 경우를 제외하고는 다 스트레스로 남을 뿐이다. 일적으로 끌려다니는 것 역시 '이렇게까지 하면서 살아야 하나.' 싶을 정도로 괴롭게 한다. 그만큼 끌려다니는 것은 누구에게나 좌절감을 주는 일이다.

성경에 등장한 나귀 역시 그런 삶을 살고 있었다. 나귀는 예수님께 쓰임받기 전까지만 해도 끌려다니는 존재였다. 짐을 이고 사람이 이끄는 대로 끌려다녀야 했다. 실제로 예수님도 제자들에게 나귀를 끌고 오라고 하셨고 제자들은 그 나귀를 끌고 왔다고 기록되어 있다. 그런데 나귀가 주님께 쓰임받는 순간, 상황은 달라졌다.

> "나귀와 나귀 새끼를 끌고 와서 자기들의 겉옷을 그 위에 얹으매 예수께서 그 위에 타시니 무리의 대다수는 그들의 겉옷을 길에 펴고 다른 이들은 나뭇가지를 베어 길에 펴고 앞에서 가고 뒤에서 따르는 무리가 소리 높여 이르되 호산나 다윗의 자손이여 찬송하리로다 주의 이름으로 오시는 이여 가장 높은 곳에서 호산나 하더라"_마 21:7~9

지금 사람들은 왕을 환영하기 위해 나뭇가지와 옷 등을 길에 펴고 있다. 소위 말하는 왕의 퍼레이드에 레드카펫과 같은 것을 깔아 주는 것이다. 그런데 정작 그들이 깔아 놓은 것을 밟고 가는 것은 나귀이다. 이전까지만 해도 나귀는 무거운 짐을 이고 험한 길을 걸으며 이리저리 끌려다니기만 했는데 이제는 가장 높은 분을 모시고 환영의 길을 자유롭게 걷게 된 것이다.

우리의 인생도 예수님의 쓰임을 받는 순간 끌려다니던 수모에서 벗어날 수 있다. 더 나아가 가장 복된 일에 동참하고 그 안에서 이전에 누리지 못했던 영광을 맛보게 된다.

쓰임받는 삶이 주는 기쁨 2
예수님과 가장 가까이에서 함께하는 영광을 누린다

예수님을 태움으로써 환영의 자리를 걸어가는 것도 영광이지만, 예수님을 태운 것 자체가 이미 영광 중의 영광이기도 하다. 삭개오는 예수님을 보려고 뽕나무에 올라가기까지 했고, 한 여인은 예수님의 옷자락이라도 만지면 치유 역사가 일어날 것이라고 믿으며 그것을 만지려고 몸부림을 쳤다. 지금 예루살렘에 모인 사람들 역시 서로 가까이서 예수님을 뵈려고 난리였을 것이다. 그런데 나귀는 난리를 피울 필요가 없다. 가장 가까이에서 예수님을 모시고 있으니 가장 영광된 자리에 있기 때문이다.

이처럼 예수님께 쓰임받는다는 것은 예수님과 같이 일하는 것이고, 가장 가까운 데에 있는 것이다. 만약 우리가 이 세상에서 굉장히 높은 지위에 있는 사람의 부름을 받아 같이 일하게 된다면 어떠할까? 특히 가까운 곳에서 일하게 된다면 어떠할까? 그만큼 그와 함께할 시간이 많아지고 사람들의 부러움을 사게 될 것이다.

대표적인 예로 예수님의 십자가를 대신하여 졌던 구레네 시몬을 말할 수 있다. 그는 주님이 십자가를 지고 가는 현장에 구경하러 갔을 뿐이었다. 그런데 로마의 병사에 의해서 예수가 십자가를 대신 져 주게 되었다. 억지로나마 그는 십자가를 졌는데 결국 십자가 길에서 예수님과 가장 가까이 했던 사람이 되었다. 또한 예수 그리스도의 십자가를 나눠 진 유일한 인물이 되었다. 우리도 쓰임받음으로써 예수님과 함께하고 예수님과 가장 가까이에서 사역하는 기회를 놓치지 말자.

	질문 리스트	체크란
1	쓰임받는 것이 부담이 아닌 영광스러운 일이라고 생각하는가?	YES / NO
2	쓰임받으면 자유가 사라지는 것이 아니라, 오히려 진정한 자유를 얻을 수 있음을 인정하는가?	YES / NO
3	쓰임받는 것이 인생이 풀리는 길임을 경험하고 있는가?	YES / NO
4	삶 가운데서 하나님께 더 많이 쓰임받기를 소망하는가?	YES / NO
5	쓰임받을 때 예수님이 함께하시는 것을 느끼는가?	YES / NO
6	하나님이 나를 쓰심으로 인해 끌려다니던 인생에서 해방되었음을 느끼는가?	YES / NO
7	하나님이 나를 쓰심으로 인해 내 신분이 더 상승했음을 느끼는가?	YES / NO
8	세상에서 잘나가는 것보다 하나님께 쓰임받는 것이 더 가치 있고 멋진 일임을 인정하는가?	YES / NO
9	하나님이 쓰시겠다고 하실 때 겸손함으로 '아멘' 할 수 있는가?	YES / NO
10	하나님이 쓰시겠다고 하실 때 모든 일을 다 제쳐 두고 그 일을 최우선으로 삼을 수 있는가?	YES / NO

Christian
Life Style
15

섬김의 삶

마태복음 26:6~13

✚ 미완성인 나에게 필요한 라이프 스타일은?

　　루마니아의 기독교 지도자였던 리처드 범브란트 목사는 공산 치하의 긴 세월 동안 감옥에서 살아야 했다. 그는 감옥에서 수많은 고문과 숱한 고난을 겪었고 출옥 후 그 시절 적었던 일기와 생각들을 모아 책을 출판했다. 그 책이 바로 많은 사람에게 오랫동안 사랑받은 베스트셀러 《하나님의 지하운동》이다. 그는 감옥에서 얼마나 많이 모진 고문을 당했던지 허벅지의 살점이 채찍에 맞아서 뜯겨 나가고 매와 전기고문으로 척추뼈, 꼬리뼈가 끊어져 나갈 정도였다고 한다. 그런데 그의 일기장에는 "고통은 영원히 죽을 수도 없는 지옥과도 같았다. 그래도 나는 만왕의 왕 대신 내 구주를 섬길 수 있어서 기뻤다."라고 기록되어 있었다. 그는 그곳이 지옥처럼 힘든 곳이었다고 말하면서도 원망하거나 낙심하지 않았다. 오히려 기뻤다고 생생하게 증거했다. 그가 기뻐할 수 있었던 것은 '주님을 섬길 수 있었기' 때문이다. 그 하나 때문에 고통을 기쁨으로 이겨낸 것이다.

사실 이런 일은 범브란트 목사의 이야기만도 아니다. 우리가 살고 있는 대한민국에서도 이런 일이 많이 일어났다. 특히 일제치하에서 신사참배를 거부하고 모진 고문을 거듭 당하다가 순교한 신앙의 선배들이 한둘이 아니다. 신앙의 절개를 지킨다는 것 때문에, 예수의 이름을 찬양한다는 이유 때문에, 못이 박힌 송판 위를 맨발로 걸어야 했고, 손톱 밑을 가늘고 뾰족하게 깎아 만든 대바늘로 쑤심을 당해야 했다. 실신을 하면 다시 깨어나 또다시 고문을 당해야 했고, 급기야 옆구리에 대창으로 찔리면서 목숨을 잃기도 했다. 그들 역시 주님을 섬길 수만 있다면 자신의 목숨을 내놓는 것을 두려워하지 않았다. 대체 주님을 섬긴다는 것이 무엇이기에 그들은 이렇게 담대함으로 나아갈 수 있었을까?

그런데 우리는 그들의 신앙을 높이 평가하고 존경하면서도 정작 내가 그 상황이었으면 그렇게 할 수 있었을지 자신 있게 대답하지 못한다. 그러한 담대함으로 신앙을 지키고 끝까지 주님을 섬기는 것이 불가능해 보이기까지 한다. 그러나 우리는 성경을 통해 그에 대한 해답을 찾을 수 있고, 주님을 온전히 섬기는 삶으로 나아갈 수 있다. 이제 어떤 상황에서도 주님을 섬길 수 있는 비결을 살펴보자. 그리하여 섬김의 라이프 스타일로 삼을 수 있게 하자.

✛ 섬김의 스타일을 취하라

하나님의 은혜에 감사와 감격으로 섬기라

예수님이 베다니 마을, 시몬의 집에 이르셨을 때 한 여인이 향유 옥합을 가지고 나와 예수님의 머리에 부었다(마 26:7). 그런데 같은 일을 기록하고 있는 〈누가복음〉 7장에서는 이 여인이 한때 죄인이 었음을 알게 해 준다.

> "그 동네에 죄를 지은 한 여자가 있어 예수께서 바리새인의 집에 앉아 계
> 심을 알고 향유 담은 옥합을 가지고 와서"_눅 7:37

이것을 볼 때 그 여인은 예수님과 이 자리에서 처음 만난 것이 아니라, 이전에 이미 복음을 듣고 예수님을 영접하여 죄 사함을 받았음을 알 수 있다. 즉 예수님으로 말미암아 죄 용서의 체험을 했던 것이다. 그런데 〈누가복음〉 7장에서는 세 번이나 반복해서 '죄인', '죄 많은 여자'라는 표현이 등장한다. 이것은 그 여인이 사회에서 이미 공식화 된 죄인이었음을 알 수 있다. 그만큼 그녀는 큰 죄를 지었던 만큼 더 큰 죄 사함의 은혜를 누린 것이다.

그런데 이 여인의 행동에서 알 수 있는 놀라운 사실은 그녀가 어떠한 칭찬을 기대하고 있지 않았다는 것이다. 그녀는 그저 자신이 용서함 받은 것에 대해 감사한 마음만 가질 뿐이었다. 보상과 대가를 기대하지 않았고 이 행동을 통해 어떠한 목적을 성취하려고 하지

도 않았다. 그 여인은 오직 용서와 구원의 은혜에 감사하는 마음으로 주님을 섬겼다.

여기서 우리는 섬김의 중요한 원리를 배울 수 있다. 바로 하나님이 나의 죄를 용서하셨고 죄 가운데서 나를 구원해 주신 것에 감사, 감격하면 섬김의 삶이 가능하다는 것이다. 만약 죽을 수밖에 없는 상황에서 가족도 아닌 누군가가 나에게 장기를 이식해 주어 살게 되었다면 어떠할까? 회복된 후 그 사람, 혹은 그 가족에게 감사의 마음을 표현하고 싶을 것이다. 감사하기 위해서라면 어떠한 돈도, 시간도 아깝지 않을 것이다. 또한 감사를 표현하고 난 후에도 어떠한 대가를 바라지 않을 것이다. 이미 엄청나게 큰 은혜를 입었기 때문에 어떻게 하면 더 감사드려야 할지를 고민할 뿐, 자기가 준 것에 대한 보상은 일절 생각하지 못할 것이다. 혹은 엄청난 빚을 졌는데 누가 그 빚을 아무 대가 없이 탕감해 주었다고 하자. 그렇다면 너무나 감사한 마음에 어떻게 해서든 그 사람에게 감사를 표현하고 싶을 것이다. 엄청난 빚을 탕감해 주었으니 많은 돈을 들여 선물을 사도 아깝지 않을 것이다. 시간을 들여 어떤 도움을 준다고 해도 아깝지 않을 것이다.

그런데 우리는 하나님으로부터 더 큰 은혜를 받았다. 영원한 심판을 받을 수밖에 없었던 존재였는데 그런 우리를 아무 공로도 요구하지 않으시고 살려 주셨다. 나의 모든 죄를 값없이 사해 주셨고 죄인된 신분에서 하나님의 자녀로 삼아 주셨다. 영원히 천국에서 하나님과 함께할 수 있도록 구원해 주셨다. 이것을 생각한다면 우리는 무엇을 드려도 아까울 수가 없다. 어떤 방법으로 섬긴다고 해도 부족하다고만 느낄 뿐이다.

　그러나 우리의 삶은 과연 어떠한가? 나름대로 여러 섬김을 실천하고 있으나 은연중에 보상을 기대할 때가 많다. 이렇게 물질로 봉사했으니 하나님이 더 큰 물질로 갚아 주셔야 한다고 생각하기도 하고, 시간을 들여 교회 봉사를 했으니 자녀가 이번에 대학 시험에 합격해야 한다고 생각하기도 한다. 심지어 하나님께 받는 보상을 기대하는 것뿐만 아니라, 사람에게 받는 보상까지 기대하기도 한다. 내가 이렇게 교회를 위해 충성했으니 목회자들이 나를 인정해 주고 그에 합당한 직책도 주어야 한다는 생각 등을 하게 된다. 혹은 보상은 아니더라도 어떠한 칭찬과 박수를 기대하기도 한다.

　그러나 우리는 이미 받은 것만으로도 섬길 이유가 충분히 있는 것이다. 우리가 아무리 모든 것을 쏟아 내어 섬긴다고 해도 받은 은혜에 비하면 여전히 부족할 뿐이다. 마치 장기이식을 받거나 큰 빚을 탕감받은 자가 많은 것을 다 드려도 그 은혜를 다 갚을 수 없듯이 말이다. 그런데 이것을 생각하지 못하고 보상, 또 다른 목적, 칭찬, 인정 등을 기대하면서 섬기게 되면 섬기지 않은 것만 못하다. 이렇게 열심히 했는데 내가 원하는 결과가 나오지 않았다며 허탈해 하고 하나님이나 교회 지도자들을 원망하기 때문이다. 더 심하게는 좌절감에 빠져 다시는 정성으로 섬기지 않겠다고 다짐하기까지 한다. 이처럼 섬김의 동기가 구원의 은혜에 있지 않고 다른 데에 있다면 역효과만 낳을 뿐이다. 당연히 지속적으로 참된 섬김을 하지 못하게 된다.

　섬김과 거래는 다르다. 섬김과 장사는 분명히 다르다. 거래는 어떤 목적을 분명히 가지고 있다. 어떤 이익에 창출을 계산하거나 대가를 생각하고 실행한다. 그러나 섬김은 어떠한 대가도 기대하지 않는다. 그저 감사한 마음 하나로 섬긴다. 예수님께 향유를 부은 여인 역시 이런 마음에서 섬길 수 있었다. 그래서 아무런 대가가 없고 사람들의 시선이 심상치 않은데도 기꺼이 섬길 수 있었다.

향유를 부은 여인뿐만 아니라, 성경 속에 등장하는 위대한 신앙의 선배들도 이러한 구원의 감격이 있었기 때문에 몸과 마음을 바쳐 주님을 섬길 수 있었다. 그래서 사도 바울은 다음과 같이 고백하기도 했다.

> "내가 복음을 전할지라도 자랑할 것이 없음은 내가 부득불 할 일임이라 만
> 일 복음을 전하지 아니하면 내게 화가 있을 것이로다"_고전 9:16

즉, 자신의 모든 섬김의 행위가 자랑할 수 없는 일임을 알았으며 자신의 수고를 마땅한 의무로 여겼다. 심지어 이를 행하지 않으면 화가 임할 정도라고 고백하기까지 했다.

이제 진정한 섬김을 드리기 위해 구원의 은혜에 제대로 빠져야 한다. 구원의 감격에 사로잡혀 살아야 한다. 오랜 시간 의로운 신앙인으로 살았다고 자신하더라도 내 심령 속에 나를 용서하신 하나님의 은총에 대한 감사와 감격이 없다면 아무 소용없다. 말로는 감사하다면서 정작 이것이 얼마나 큰 은혜인지 모른다면 기본부터 다시 바로잡아야 한다. 섬김의 라이프 스타일을 위해서는 그 기본부터 회복해야 한다.

주변을 의식하지 말고 주님께만 초점을 맞추라

섬김의 삶을 살기 위해서는 섬김의 목적이 항상 분명해야 한다. 즉 주님을 영화롭게 하는 데에 목적이 맞추어져야 한다. 주님을 영화롭게 하며 살 때 비로소 그 삶이 제대로 된 온전한 섬김의 삶이 될 수 있다.

지금 향유를 부은 여인은 주변 사람들로부터 눈총을 받고 있다. 그녀는 값비싼 향유를 아낌없이 드렸는데 오히려 제자들은 쓸데없는 것에 허비한 양 비난을 했다. 물론 그녀가 한 행동은 비상식적인 행동이다. 1년 치 연봉을 한번에 예수님께 쏟았으니 말이다. 그래서 제자들은 차라리 가난한 사람을 위해 쓰는 것이 더 나았다고 할 정도였다. 그러나 제자들이 그 모습을 이해할 수 없었던 것은 여인이 품고 있는 구원의 감격이 그 안에 없었기 때문이다. 그들에게는 예수님에 대한 벅차오르는 감사도 없었다. 그들은 향료의 가치만 계산할 뿐이었다. 예수님보다 그 가격대가 더 민감하게 다가왔다.

여기서 알 수 있는 사실은 섬김에는 계산이 수반되어서는 안 된다는 것이다. 왜냐하면 주님께 받은 사랑은 계산 자체가 불가능하다. 그러므로 은혜에 감사하여 무엇인가로 섬기고자 할 때, '받은 것이 이 정도니 이 정도 드리면 되겠다.' 등의 마음을 가져서는 안 된다. 이처럼 섬김에는 후에 대가를 치르겠다는 목적, 거래하겠다는 목적 등이 있어서는 안 된다.

향유를 부은 여인은 목적을 분명히 알았다. 대가를 바라거나 거래를 하자고 그런 행동을 한 것이 아니었다. 혹은 주변 사람들에게 칭찬을 받으려는 마음을 가진 것도 아니었다. 그녀는 그저 예수님께 사랑의 마음과 감사의 고백을 드리고 싶었을 뿐이었다. 이 사실을 아신 예수님은 주변 사람들과 완전히 다른 평가를 내리셨다.

> "예수께서 아시고 그들에게 이르시되 너희가 어찌하여 이 여자를 괴롭게 하느냐 그가 내게 좋은 일을 하였느니라 가난한 자들은 항상 너희와 함께 있거니와 나는 항상 함께 있지 아니하리라 이 여자가 내 몸에 이 향유를 부은 것은 내 장례를 위하여 함이니라. 내가 진실로 너희에게 이르노니 온 천하에 어디서든지 이 복음이 전파되는 곳에서는 이 여자가 행한 일도 말하여 그를 기억하리라 하시니라"_마 26:10~13

사람들 눈에는 그 모습이 지나친 낭비 혹은 광적인 행동이었지만 예수님께서는 그 섬김을 통해 영광을 받으셨다. 결국 그녀는 섬김의 목적을 잘 알았고 그에 맞게 섬김을 보였으며 결국 예수님을 기쁘시게 할 수 있었다.

안타깝게도 우리는 주님만을 섬긴다고 하면서도 온전히 주님이 영광받으시는 것으로 만족하지 않는다. 세상이 나를 어떻게 볼지에 연연해한다. 신앙생활을 할 때, 주님과 세상 사이에서 양쪽 눈치를 보느라 머뭇거릴 때가 많다. 심지어 주님이 나를 어떻게 기억하시는지보다 세상에서 어떻게 기억될지에 더 예민하기도 하다. 혹여 라도 비난의 목소리가 들리면 그들의 말 때문에 안절부절못하다. 특히 열정을 다해서 신앙생활을 할 때 누군가가 '지나치다', '광적이다', '비상식적이다', '오버한다' 등의 말을 하거나 시선을 보내면 민망해 하곤 한다. 그러나 세상이나 세상 사람의 시선은 신경 쓸 필요가 없다.

지금 우리의 섬김은 그들을 위한 것이 아니라 예수님을 위한 것이기 때문이다.

이제 주님을 영화롭게 하는 데에만 목표를 맞추어야 한다. 이것만 바르게 설정된다면 주변을 의식하지 않고 주님만 바라볼 수 있다. 섬기는 과정에서 행여 누군가로 인해 섭섭함이 생겨도 개의치 않게 된다. 섬겼다는 것, 그 자체가 행복이고 만족이기 때문이다. 또한 그렇게 섬기고도 여전히 은혜를 더 갚고 싶은 마음에 어쩔 줄 모르게 된다. 〈누가복음〉 7장 38절에 보면 이 여자는 향유를 갖다 부은 것으로 끝나지 않고 향유를 부으면서도 하나님 앞에 이 예수님 앞에 한없는 눈물을 쏟아 놓았다. 1년 치 연봉 정도가 되는 값비싼 향유를 다 쏟아부어도 다 갚을 길이 없다는 것이다. 이것이 바로 주님께만 영광을 돌리는 섬김의 삶이다.

✚ 변화된 라이프 스타일이 주는 기쁨

예수님은 섬김의 삶을 기뻐하신다. 우리가 하나님만을 기쁘시게 하는 섬김을 보여드릴 때 우리 인생에 어떤 유익이 있을지 살펴보자.

섬김의 삶이 주는 기쁨 1
가장 값진 일에 최선을 다하는 복이 있다

오늘날 많은 사람이 각 분야에서 최선을 다하면서 산다. 특히나 이 사회가 경쟁사회인 만큼 보다 치열하게 자신이 처한 곳에서 열심을 다한다. 그러나 각자가 하는 일이 가장 가치 있는 일인지는 확신할 수가 없다. 누군가는 무가치한 일에 모든 것을 쏟고 있다. 또한 누군가는 가치 있는 일을 위해 살지만 최선을 다하는 방법을 몰라 헤매기도 한다. 그래서 가장 값진 일 안에서 최선을 다할 수 있다는 것은 큰 복이다. 그런데 바로 구원의 감격에서 우러나온 섬김의 삶이 이러한 복을 누리는 것이다. 구원의 감격을 느끼며 은혜에 감사해 섬기는 자는 아낌없이 최선을 다해 섬기게 되기 때문이다. 이렇게 넘치는 감격이 그 마음에 있으면 적당히 하고 끝낼 수가 없다.

섬김의 삶이 주는 기쁨 2
감동과 감격이 넘치는 삶을 살게 된다

섬김의 동기는 하나님의 은혜에 대한 감사와 감격이다. 그런데 삶 가운데 섬김이 없는 사람은 하나님의 은혜를 귀히 여기지 않는 사람이다. 곧 받은 은혜도 쉽게 잊어버리게 되고 감사할 일 앞에서도 원망만 한다.

그러나 섬김의 삶을 사는 사람들은 하나님의 은혜를 계속 상기하게 된다. 그래서 감격의 분위기가 계속 이어진다. 섬기는 만큼 에너지가 소진되는 것이 아니라, 오히려 감격과 감동이 더 넘치는 것을 경험한다. 그러므로 인생을 살아가는 것이 그 누구보다도 신나고 즐거울 수밖에 없다. 실제로 우리는 주변에서 섬기면서 사는 사람이 자기만을 위해 사는 사람보다 더 행복해하는 것을 볼 수 있다. 그들뿐만이 아니라 우리도 섬김을 통해 늘 감동과 감격이 있는 삶을 살 수 있다.

	질문 리스트	체크란
체크 리스트		
1	하나님의 은혜에 너무나 감사하여 하나님을 섬기고 있는가?	YES / NO
2	다른 의도나 목적 없이 순수한 마음으로 하나님을 섬기고 있는가?	YES / NO
3	이미 받은 것만으로도 섬길 이유가 충분함을 인정하는가?	YES / NO
4	칭찬과 박수를 기대하지 않고 섬기고 있는가?	YES / NO
5	섬김이 주님을 영화롭게 하는 데에 맞춰져 있는가?	YES / NO
6	섬김은 거래와 철저히 다른 원리임을 알고 있는가?	YES / NO
7	다른 목적을 가지고 섬기는 것은 섬기지 않은 것만 못함을 인정하는가?	YES / NO
8	섬김을 통해 하나님의 은혜에 대한 감격을 꾸준히 느끼며 살고 있는가?	YES / NO
9	어떻게 하면 더 섬길 수 있는지 더 찾아보고 고민하며 사는가?	YES / NO
10	내게 주신 은사와 재능을 섬기는 데에 적극 활용하고 있는가?	YES / NO

Christian
Life Style
16

예배의 삶

창세기 35:1~7

✚ 미완성인 나에게 필요한 라이프 스타일은?

인도 선교자인 윌리엄 케리는 근대선교에 중요한 포문을 열었던 인물이며 "하나님으로부터 위대한 일을 기대하라. 하나님을 위하여 위대한 일을 시도하라."는 유명한 말을 남기기도 했다. 그는 원래 구두를 수선하는 수선공이었다. 그리고 신앙생활하면서 교회에서 운영하는 야간학교의 봉사자로 섬기고 있었다. 당시 1700년대 말은 그동안 세계선교에 대해 책임을 느끼고 있던 영국 교회가 세계선교의 사명을 점점 망각해 가고 있을 때였는데, 그 시기에 윌리엄 케리는 〈이사야서〉를 읽다가 큰 충격을 받게 되었다. 하나님의 말씀이 민족과 열방에게 선포되어야 함을 말씀을 통해 깨달은 것이다. 그는 그 말씀으로 인해 선교사로 헌신하게 되었고, 이후 어느 민족 누구에게 복음을 전해야 될지 고민하다가 《쿡선장의 마지막 항해》라는 책을 만나게 되었다. 그 책을 통해 하나님을 알지 못하는 수많은 민족을 알게 되었고, 결국 인도선교에 부름을 받게 되었다. 그리고 선교에 위대한 족적을 남기게 되는데, 이 한 사람, 윌리엄 캐리의 인생을 결정지었던 것이 바로 〈이사야서〉와 《쿡선장의 마지막 항해》였다.

이처럼 무엇 하나가 누군가의 인생을 완전히 바꾸어 놓을 수 있다. 어떤 사람에게는 그것이 책이 될 수도 있고, 어떤 사람에게는 그것이 누군가의 말 한마디가 될 수도 있다. 혹은 특정 장소가 그런 역할을 할 수 있다. 성경 인물들도 비슷한 경우가 많다.

특히 구약성경은 특별한 장소를 중요하게 생각하여 장소와 현장을 중심으로 역사를 서술해 나가는데, 야곱의 이야기가 기록된 부분에서도 장소가 중요한 역할을 한다. 〈창세기〉에는 야곱의 인생에서 잊을래야 잊을 수 없는 아주 중요한 장소가 등장하는데 그곳은 바로 벧엘이다.

그런데 야곱이 벧엘에서 한 대표적인 일은 하나님께 제단을 쌓고 예배한 것이었다. 야곱의 인생에 벧엘이 중요한 의미를 갖는다는 것은 곧 야곱의 인생에 하나님께 제단을 쌓는 것이 중요했음을 알게 해 준다. 더불어 우리의 인생에서도 예배가 차지하는 의미가 매우 큼을 알게 해 준다. 그러므로 우리는 야곱의 인생에서 벧엘의 의미를 좀 더 깊이 살펴보고 우리 인생에도 동일하게 적용해 볼 수 있어야 한다. 그리고 이를 통해 예배가 매주 한두 번씩 드리는 의식의 차원이 아닌, 라이프 스타일로서 삶의 전반에서 드려질 수 있어야 함을 깨달아야 한다.

✚ 예배의 스타일을 취하라

세상과 신앙의 균형추인 예배를 우선시하라

　야곱은 장자인 형이 받아야 할 축복을 어머니의 모략으로 인해 대신 받아내게 된다. 이 사실을 알게 된 형 에서는 야곱을 죽이려고 하고 야곱은 부모에 의해 외삼촌 라반의 집으로 가게 된다. 가족과 함께 정든 고향에 살다가 새로운 삶의 환경으로 거처를 옮기는 것이 쉬운 일이 아니다. 게다가 도망자의 신세로 가게 되었기에 그 상황이 더 두렵게 다가왔을지도 모른다. 그런 두려움을 안고 홀로 외삼촌 집을 향하여 가던 중, 야곱은 황량한 빈 들판에서 밤을 맞게 된다. 바로 그때 그곳에 하나님이 나타나신다. 그리고 천사가 그 사닥다리를 오르락내리락하는 장면을 보여 주신다. 이것은 하나님과 야곱이 소통하는 제단을 표시하며 오늘날로 말하면 예배를 뜻한다. 그런데 하나님이 이 사닥다리 환상을 보여 주신 것은 야곱에게 놀라운 축복의 약속을 주시기 위해서였다. 즉 두려워하지 말라는 말씀과 내가 너와 함께하고 지켜주겠다는 말씀 그리고 네가 생각지 못한 복을 부어 주겠다는 말씀을 약속으로 주셨던 것이다.

　그곳에서 야곱은 하나님을 만나는 새로운 체험을 하게 되었다. 황량한 이곳 역시 하나님이 계시는 하나님의 집임을 알게 되었고, 하늘 문이 열리면 하나님이 나를 찾아오신다는 것도 알게 되었다. 하나님을 만날 수 있는 이곳에서 야곱은 그 마음의 안정을 찾게 되었다. 새로운 삶이 시작되고 낯선 환경을 기다리고 있는 야곱에게 그곳은 그야말로 평안함과 안정감을 주는 장소였다. 그래서 야곱은 그곳을 하나님의 집, 벧엘이라고 명명했다.

> "야곱이 잠이 깨어 이르되 여호와께서 과연 여기 계시거늘 내가 알지 못하였도다 이에 두려워하여 이르되 두렵도다 이 곳이여 이것은 다름 아닌 하나님의 집이요 이는 하늘의 문이로다 하고 야곱이 아침에 일찍이 일어나 베개로 삼았던 돌을 가져다가 기둥으로 세우고 그 위에 기름을 붓고 그곳 이름을 벧엘이라 하였더라 이 성의 옛 이름은 루스더라"_창 28:16~19

물론 야곱의 삶이 이후에도 평탄하기만 한 것은 아니었다. 야곱은 외삼촌 라반의 집에서 생활하는데, 라반은 조카인 야곱을 부려 먹기만 했고 그 과정에서 계속 속임수를 썼다. 야곱도 살아야겠다는 생각에 삼촌을 속여 가며 자신의 몫을 만들어갔고, 그 과정에서 앞으로 갈등을 어떻게 풀어야 할지 고민하게 되었다. 그러다가 결단을 내려야 할 그때에 하나님이 야곱에게 나타나셨다.

> "나는 벧엘의 하나님이라 네가 거기서 기둥에 기름을 붓고 거기서 내게 서원하였으니 지금 일어나 이 곳을 떠나서 네 출생지로 돌아가라 하셨느니라"_창 31:13

결국 야곱은 라반의 집을 떠나 고향으로 돌아갔고 에서와도 화해하게 된다. 이후 야곱은 세겜 땅이 기름지고 비옥한 것을 알고 그곳에 성을 쌓고 제단을 쌓는다. 그러나 정착한 그곳에서 또 다른 비극이 펼쳐졌다. 야곱의 딸 디나가 그 땅의 족속인 세겜에게 강간을 당하게 된 것이다. 그런데 문제는 여기서 끝나지 않았다. 세겜과 디나가 혼인하기로 합의하여 이 사건이 일단락되는 듯 했지만 디나의 오빠인 시므온과 레위는 분을 품고 그 족속을 공격하였다. 그 결과 인근 족속까지 연합하여 야곱의 가문을 멸족하려고 했고 야곱은 사면 초가의 위기 앞에 놓이게 된다.

그때 하나님은 다시 찾아오셔서 벧엘로 가서 단을 쌓을 것을 말씀하셨다. 인간적인 시각에서 보면 예배할 여유가 없을 것 같지만 하나님은 모든 것을 뒤로 하고 제단을 쌓으라고 하셨다.

> "벧엘로 올라가서 거기 거주하며 네가 네 형 에서의 낯을 피하여 도망하던 때에 네게 나타났던 하나님께 거기서 제단을 쌓으라"_창 35:1

이처럼 하나님께 예배하던 장소 벧엘은 흔들리는 야곱 인생에 중심을 잡아 주고 균형을 맞추어 줬다. 이렇게 균형추의 역할을 하는 것이 바로 예배이다.

그러므로 교회에서 가장 강조하는 것 역시 예배이다. 교회는 바자회하려고 모인 단체가 아니다. 취미나 교제를 위해 모인 집단도 아니다. 우선적으로 예배를 위해 모인 곳이다. 우리는 교회에서 드리는 예배, 또는 삶으로 드리는 예배를 통해 세상과 신앙 사이에서 균형을 잡을 수 있고 하늘과 땅 사이에서도 균형을 잡을 수 있다. 이렇게 균형추 역할을 하는 것은 예배뿐이다.

예배를 통해 삶의 원동력을 얻으라

야곱은 과거에 제단을 쌓았던 곳인 벧엘에서 또다시 삶을 살아갈 수 있는 에너지를 공급받게 된다. 야곱이 벧엘에 오기 전까지만 해도 야곱은 극심한 두려움 가운데 있었다. 그런데 하나님이 벧엘로 다시 올라가라고 하신 말씀으로 인해 야곱은 다시 용기를 얻을 수 있었다. 그리고 하나님은 이때 영적인 추억을 회상하게 하셨다. 즉 에서를 피해 도망하던 중 처음으로 하나님과 만났던 그 순간을 떠올리게 하신 것이다. 그러면서 그때 극심한 공포 가운데 있었지만 하나님이 함께하심으로 이겨낼 수 있었듯이 지금 이 상황도 하나님이 함께하심으로 이겨낼 수 있음을 깨닫게 하셨다. 그러므로 약속을 떠올리게 하는 하나님의 말씀 자체만으로도 야곱은 격려를 얻을 수 있었다.

놀라운 사실은 그런 위기 가운데서 제단을 쌓기 위해 벧엘로 향하자 좀 전까지 산적했던 큰 문제가 역전이 되었다는 것이다.

"그들이 떠났으나 하나님이 그 사면 고을들로 크게 두려워하게 하셨으므로 야곱의 아들들을 추격하는 자가 없었더라"_창 35:5

분명 이전까지만 해도 야곱이 사면고을들로 인하여 두려워 떨고 있었다. 그런데 벧엘을 향해 올라가게 되자 오히려 주변 사방 고을들이 하나님으로 말미암아 두려워 떨게 되었다. 이것은 우연이 아닌 온전히 하나님이 이루신 일이다.

이처럼 예배는 우리로 하여금 세상을 감당할 만한 힘과 능력을 가져다준다. 세상을 바라보면 두렵기 그지없고 세상 앞에서 우리가 아주 작은 자인 것처럼 느낄 수 있지만, 예배하면 오히려 반대가 된다. 두렵던 그 세상이 우리 앞에 아주 작은 존재로 보이게 된다. 그런 놀라운 힘을 예배가 가져다주는 것이다. 그러므로 성도는 예배를 붙들고 살아야 세상을 넉넉히 이겨낼 수 있다.

때때로 우리는 눈에 보이는 인간적인 능력에 의존하곤 한다. 화려한 스펙 등을 비롯하여 세상이 요구하는 것들로 승부를 하려고 한다. 하나님을 의지하고 예배를 우선시 한다고 하면서도 정작 현실에서는 세상적인 능력을 만드는 데에 집중한다. 그러나 세상의 학벌과 세상의 이력은 이 세상을 감당하는 데 힘이 되지 못한다. 만약 그것이 세상에서 승리를 가져다주는 원동력이라면 학벌이 좋고, 경력이 많고, 돈이 많은 사람이 세상에서 '항상' 승리해야 하는데 실제로는 그렇지 못하다.

그런데 예배를 통해 하나님과 교제하고 예배 가운데 임하는 진정한 평안을 누리는 사람은 세상의 어떤 풍파 속에서도 휩쓸리지 않고 행복을 경험할 수 있다. 그러므로 그 어떤 것보다 본질이 되는 예배를 붙들어야 한다. 우리 인생의 후회를 줄이려면 인생의 원동력이요, 삶의 원천인 예배자의 자리를 놓치지 말아야 한다.

변화를 위한 Tip 3 ▶

예배를 통해 버려야 할 우상들을 확인하라

하나님께서 벧엘로 올라가서 제단을 쌓으라고 하셨을 때 야곱은 자기와 함께하는 모든 사람에게 갑작스런 명령을 내렸다.

> "야곱이 이에 자기 집안 사람과 자기와 함께 한 모든 자에게 이르되 너희 중에 있는 이방 신상들을 버리고 자신을 정결하게 하고 너희들의 의복을 바꾸어 입으라"_창 35:2

그러자 가족과 함께하던 사람들은 자기 손에 있는 모든 이방 신상들과 자기 귀에 있는 귀고리들을 야곱에게 주었다. 그리고 야곱은 그것들을 전부 세겜 근처 상수리나무 아래에 묻었다. 이전까지만 해도 야곱과 그의 사람들에게는 이방 신상이 있었다. 그리고 그들은 이방문화에 물들어 귀고리 등의 장신구도 취하고 있었다. 그런데 야곱은 이러한 모든 이방 문화와 이방 신상을 상수리나무 아래 묻고 새롭게 출발한 것이다. 이 상수리나무는 이 이방 종교의 문란함을 보여 주는 대명사이기도 하다. 상수리나무 아래서 사람들은 종교, 신앙이라는 이름을 빌어서 혼음을 하고 매음을 했다. 그런데 바로 그 아래 가증스러운 것들을 묻고 떠난 것이다.

그들은 하나님을 믿었다고는 했지만 다른 것들 역시 가슴에 품고 살았다. 부적과 같은 것을 지녔다는 것은 하나님 외에 다른 것에도 의존했음을 알려 준다. 그런데 야곱이 이제야 정신이 번쩍 든 것이다. 이처럼 예배를 하러 가는 그때에서야 야곱은 이전에는 미처 몰랐던 것들을 생각해 낼 수 있었고, 버려야 할 것들을 모조리 버릴 수 있었다.

예배자로서 나의 삶을 바로 잡고 하나님 앞에 온전한 예배자가 되면 다음의 변화를 누리며 살아갈 수 있다.

예배의 삶이 주는 기쁨 1

나에게 현 위치와 방향을 알려 준다

예배는 우리가 누구인지를 발견하게 한다. 또한 내가 지금 어디에 있는지를 보게 하고 어디를 향해 가고 있는지를 알게 한다. 즉 예배는 우리 인생에 내비게이션, 이정표이기도 하고, 나침반이기도 하며, 거울이기도 하다.

세상에 파묻혀서 허덕거리며 살다 보면 우리는 내가 누구인지를 잊어버리곤 한다. 내가 지금 어디에 있는지, 어디로 가고 있는지도 모른 채 살게 된다. 그러나 예배의 자리로 나아가서 하나님께 예배하는 순간 우리는 무엇이 잘못되었고 어디서부터 문제가 있는지, 그리고 내가 어디에 있고, 어디로 나아가야 하는지를 분명히 깨닫게 된다.

예배의 삶이 주는 기쁨 2

삶의 중심을 잡아 준다

예배는 내 삶이 흔들리고 갈피를 잡지 못하고 결단을 내려할 때, 내 생각을 바로잡아 주고 내 삶의 균형을 바로잡아 주는 '추'이다. 그래서 예배의 라이프 스타일을 가지게 되면 세상 가운데서도, 어떠한 바람 가운데서도 중심을 잡게 되고 비틀거리다가도 넘어지지 않게 된다. 또한 서야 할 자리에 서게 되고, 행여 넘어지고 쓰러진다고 해도 다시 일어날 수 있게 된다. 이러한 의미에서 그리스도인은 일주일에 몇 번 나와서 드리는 예배에 그칠 것이 아니라 삶 자체가 예배가 되어야 한다.

	질문 리스트	체크란
1	예배드리는 것을 진정으로 사모하는가?	YES / NO
2	예배를 통해 나를 발견하고 있는가?	YES / NO
3	예배가 내 삶의 균형 추가 되고 있음을 느끼는가?	YES / NO
4	예배 시간 때 들은 설교 메시지를 기억하려고 노력하는가?	YES / NO
5	예배 가운데서 하나님의 임재하심을 경험하는가?	YES / NO
6	회복이 필요할 때마다 예배의 자리를 찾는가?	YES / NO
7	예배 때 깨달은 것을 실천하기 위해 노력하는가?	YES / NO
8	교회 밖에서도 삶의 예배를 드리는가?	YES / NO
9	교회가 일차적으로는 예배하러 모인 곳임을 인정하는가?	YES / NO
10	예배를 통해 내가 버려야 할 것을 발견하는가?	YES / NO

Christian
Life Style
17

성령 충만의 삶

갈라디아서 5:16~26

✚ 미완성인 나에게 필요한 라이프 스타일은?

　신자와 불신자의 다른 점은 무엇일까? 분명 신자, 즉 성도는 하나님을 섬기고 예수님의 뜻대로 사는 존재이다. 그런데 정작 삶을 보면 성도들의 삶과 세상 사람들의 삶이 그리 다르지 않음을 목격할 때가 많다. 특히 감정을 다스리거나 표현하는 것에 있어서도 별 차이가 없음을 종종 확인할 수 있다. 화가 나는 상황에 직면했을 때 성도라고 해서 무조건 인내하면서 상대방을 용서해 주는 것은 아니다. 오히려 더 비판하고 정죄하는 모습이 나타날 때가 있다. 또한 성도라고 해서 세상 사람들과 달리 욕심을 부리지 않는 것도 아니고, 성도라고 해서 거짓말을 안 하는 것이 아니다. 분명히 예수님을 영접하고 따르는 자로서 달라야 하는데 행동이 차별화되지 않는다. 더 심각한 것은 성도라면서 더 악한 일을 자행할 때가 있다. 권력층 중에서 비리 등의 문제를 저지른 사람들을 보면 교회 다닌다는 사람도 꽤 된다. 뿐만 아니라 성도라면서 오히려 사기를 쳐서 사람들에게 큰 피해를 주는 경우도 있다. 무엇보다 사용하는 언어가 별 차이를 갖지 않곤 한다. 우리는 하나님의 말씀을 들으며 사는 존재로서 말하는 것부터가 달라야 한다. 남들이 절망을 말할 때 희망의 언어를 쓸 수 있어야 하고, 비판과 정죄가 난무할 때 이해와 사랑의 언어를 들려줄 수 있어야 한다.

분명히 성경은 그리스도인의 삶이 세상 사람들의 삶과는 분명히 다르다는 것을 우리에게 가르치고 있다. 그렇다면 그리스도인답게 살려면 어떻게 해야 하는가? 〈갈라디아서〉 5장에 그에 대한 대답이 잘 나와 있다.

> "내가 이르노니 너희는 성령을 따라 행하라 그리하면 육체의 욕심을 이루지 아니하리라 육체의 소욕은 성령을 거스르고 성령은 육체를 거스르나니 이 둘이 서로 대적함으로 너희가 원하는 것을 하지 못하게 하려 함이니라 너희가 만일 성령의 인도하시는 바가 되면 율법 아래에 있지 아니하리라"_갈 5:16~18

한마디로 그리스도인은 성령 안에서 살아야 한다. 우리는 인간이기에 하나님 뜻대로 산다고 하면서도 넘어지기 쉽고 세상 사람들이 갖는 마음과 언어, 행동을 동일하게 가질 수 있다. 그러나 성령은 이러한 한계를 극복하게 하신다. 성령에서 산다는 것은 우리의 시선을 오직 그리스도에게만 맞추고 산다는 것이며 이것은 곧 성령 충만한 삶을 사는 것을 말한다. 그러므로 세상 사람들은 세상에 취하여 사는 삶일지라도 그리스도인의 스타일은 성령 충만한 것이 되어야 한다. 그렇다면 어떻게 해야 성령 충만한 삶을 살 수 있을까?

✚ 성령 충만의 스타일을 취하라

변화를 위한 Tip 1

내 안에 이미 들어와 계신 성령님을 인정하라

육체의 소욕, 즉 육체의 욕심은 우리가 그리스도인다운 삶을 살지 못하게 만드는 절대적인 방해 요소이다.

> "육체의 소욕은 성령을 거스리고 성령의 소욕은 육체를 거스리나니 이 둘이 서로 대적함으로 너희가 원하는 것을 하지 못하게 하려 함이니라"
> _갈 5:17

그러므로 그리스도인다운 삶인 성령 충만함을 갖기 위해서 이 부분을 먼저 해결해야 한다. 그 방법은 바로 성령을 따라 행하는 것이다.

> "너희는 성령을 따라 행하라 그리하면 육체의 욕심을 이루지 아니하리라"_갈 5:16

그런데 성령을 따라 행한다는 것은 약간 애매모호하게 다가올 수 있다. 이 부분을 좀 더 분명하게 이해하기 위해 영어로 번역된 성경을 참조해 볼 필요가 있다. 물론 영어성경도 조금씩 다른 단어로 표현될 수 있는데, '성령을 따라 행한다'는 말에 있어서 영어성경 70~80%가 동일한 단어로 표현되고 있다. 바로 "Walk by the spilit", "성령과 함께 걸어라"이다. 성령과 함께 걷는다는 말은 내 걸음이 머무는 곳마다, 내 발자국이 움직이는 곳마다 성령 하나님이 너와 함께 계심을 인정하라는 것이다. 성령과 함께 걷는 것은 성령이 나와 함께 거하신다는 사실을 인정하는 것에서부터 시작된다.

즉, 성령을 따르는 것은 성령을 인정하는 것이라고 보면 된다. 그런데 우리는 내 속에 성령이 거주함을 인정한다고는 하지만 실제로 성령을 멀게 느낄 때가 많다. 내가 성령을 찾고 간구하면 그제야 성령이 내게로 오신다고 생각한다. 분명 성경은 성령이 우리에게 오셨다가 가신다고 가르치지 않는다.

> "내가 아버지께 구하겠으니 그가 또 다른 보혜사를 너희에게 주사 영원토록 너희와 함께 있게 하리니 그는 진리의 영이라 세상은 능히 그를 받지 못하나니 이는 그를 보지도 못하고 알지도 못함이라 그러나 너희는 그를 아나니 그는 너희와 함께 거하심이요 또 너희 속에 계시겠음이라"
> _요 14:16~17

예수님은 보혜사이시다. 그런데 예수님은 자신이 하늘로 다시 올라간 후, 또 다른 보혜사이신 성령님이 오신다고 말씀하신다. 헬라어에서 '다른'이라는 말은 두 가지가 있는데, 첫째는 '헤테로스'(ἕτερος)이다. 이것은 본질과 기능, 모양이 전혀 다른 것을 말한다. 예를 들어 주전자와 컵이 완전히 다른 존재인 것과 같다. 둘째는 '알로스'(ἄλλος)인데, 이것은 모든 것이 똑같지만 '또 한 개가 더 있는 것'을 가리킬 때 쓰인다. 예를 들어 모양이나 기능, 재질이 똑같은 컵이 두 개가 있을 때, 우리는 그 두 개의 컵을 '동일한 하나의 물건'으로 보지는 않지만 '똑같아 보인다', '똑같은 제품이다'라고는 말한다. 여기서 말하는 '또 다른'의 원리가 후자에 속한다. 즉 예수님과 성령님은 다른 분이시지만 영광과 권능, 본질이 동등하시다. 그런데 예수님은 성령님이 우리 속에 계시겠다고 하셨다. 왔다 갔다 하시는 것이 아니라 하나님의 자녀 마음에 늘 거하신다.

간혹 내가 신령한 삶을 살 때는 성령님이 내 안에 거주하시지만 내가 성령님을 속 썩이고 애태우게 만들고 하나님이 기뻐하지 않는 삶을 살면 성령님이 떠나실 것이라고 생각하는 사람이 있다. 그러나 구원이 완성되는 그날까지 성령님은 우리를 떠나지도 않고 우리를 버리지도 않으신다. 다만 우리가 그리스도인다운 삶을 살지 않을 때, 내 속에 거주하시는 이 성령님을 우리가 인정하지 않을 때는 성령님께서 근심하신다.

그러므로 성령을 따라 살기 위해서는 나와 이미 함께 거주하시는 성령을 인정해야 한다. 성령이 우리 속에 들어와 거주하시는 것은 우리 몫이 아니요, 성령의 몫이다. 그러나 내 속에 들어와 계시는 성령을 인정하는 것은 내 몫이다. 그래서 말씀에서도 이 부분이 능동태로 기록되어 있다. 이런 면에서 볼 때, 신앙이라는 것이 매우 현실적이다.

성령님께 사로잡혀 육체의 욕망을 떨쳐 내라

성령 충만의 라이프 스타일을 갖기 위해서 우리는 성령의 인도를 받아야 한다. 얼핏 성령을 따라 행하는 것이나 성령의 인도를 받는 것이나 비슷한 것으로 느껴질 수 있지만 분명히 차이가 있다.

우선 성령을 따라 행한다는 것은 능동태로 기록이 되어 있기 때문에 자신이 인정하는 단계를 수반하는데, 인도함을 받는다는 것은 수동태이다. 특히 여기서 '인도한다'는 말은 '아고'(ἄγω)라는 말인데 '데리고 오다', '끌고 가다', '장악하다'라는 뜻을 갖는다. 인도함을 받는 것은 곧 성령의 장악을 받는 것이며 성령에게 끌려다니는 것이다.

이처럼 성령에 사로잡히면 우리는 육체를 이길 수 있다. 그리스도인다운 삶을 살 수 있다. 그래서 이어지는 말씀에 등장하는 육체의 일들을 이겨낼 수가 있게 된다.

> "육체의 일은 분명하니 곧 음행과 더러운 것과 호색과 우상 숭배와 주술과 원수 맺는 것과 분쟁과 시기와 분냄과 당 짓는 것과 분열함과 이단과 투기와 술 취함과 방탕함과 또 그와 같은 것들이라 전에 너희에게 경계한 것 같이 경계하노니 이런 일을 하는 자들은 하나님의 나라를 유업으로 받지 못할 것이요"_갈 5:19~21

여기에 나온 육체의 일들은 우리 힘으로 떨칠 수가 없다. 여기에 붙잡히지 않으려고 몸부림친다고 해서 자유해질 수 있는 것이 아니다. 끌려갔다는 것 자체가 이미 내 능력으로는 나올 수 없다는 것이다. 능력이 없었기 때문에 이미 붙잡힌 것이다. 그러므로 우리가 그 육체의 일에서부터 자유함을 얻고 빠져나오려면 다른 힘을 필요로 해야 한다. 그 힘이 바로 성령의 힘이다. 성령에 끌려다니고 사로잡히면 그제야 비로소 탈출할 수가 있다.

결국 우리의 삶은 어디에 붙잡히느냐의 싸움이다. 우리가 계속 육체의 일에 붙잡히는 것은 무엇 때문인가? 그것이 헛된 것임을 알면서도 오늘이라는 시간에서는 그것이 헛된 것으로 보이지 않기 때문이다. 오히려 그것이 영광스러운 것으로 보이고, 성공하는 것으로 보이고, 대접받는 것으로 보이기 때문이다. 그래서 헛되고 죄악된 것에 매여 그것에 매력을 느끼게 되는 것이다. 그러나 그 모든 것은 결국 흙으로 돌아가는 것들이다. 육체의 일에 매달려 허덕거리며 우리 인생의 행복을 위해 몸부림치며 걸어가고 있는 이 길이 결국은 무엇인가? 아득한 옛날, 흙으로 변해 버린 그 누구의 시신이라고 해도 과언이 아니다. 그 흙덩어리를 밟고 우리는 그들과 똑같은 전철을 밟고 있다.

이 헛된 영광이 흙으로 돌아갈 수밖에 없는데 우리는 육체의 욕심에 미혹을 받아 거기에 빠지고 거기에 포로가 되어 버린다. 심지어 거기에 미쳐서 그리스도인의 삶과는 전혀 상관없이 헐떡거리며 산다. 그렇게 누구의 시신인지도 모르고 밟은 채 헛된 영광을 추구하고, 나 역시 그 죽은 후에는 한줌의 흙으로 변해 버려 누군가에게 밟히게 된다. 말씀대로 육체를 위하여 심는 자는 육체로부터 썩어질 것을 거두게 된다(갈 6:8). 이토록 허망한 것이 육체의 일이다. 그런데 우리는 그 안에서 성공이라는 고지를 향해서 몸부림치기에 급급하다.

이제 내 쾌락을 심지 말고 내 알량한 자존심을 위해서 심지도 말자. 내 육체가 대접받는 것을 위해 인생의 시간과 에너지를 심지도 말자. 온전히 성령에 붙들리고 성령에 사로잡힘으로써 육체의 소욕을 떨쳐내자. 그 가운데서 진정한 자유의 삶을 살아가자.

변화를 위한 Tip 3
성령님을 위하여 성령님께 이용당하며 살아야 한다

"만일 우리가 성령으로 살면 또한 성령으로 행할지니"_갈 5:25

여기서 '산다'는 말은 '자오'(ζάω)로 '존재한다'는 뜻인데, 그냥 살아 숨 쉬는 차원에 지나지 않는다. 그냥 존재하는 것이 아니라, 목적 있는 존재로 사는 것을 말한다. 즉 어떤 것을 위해 살고 어떤 것과 관계하여 사는 것을 뜻한다. 그러므로 성령으로 산다는 말은 성령을 위하여 산다는 것이다. 성령을 이용하여 사는 것이 아니라, 성령을 위하여 사는 것이다. 또한 여기서 '행하다'는 말은 '스토이케오'(στοιχέω)인데 이 말은 '합의한다', '성공한다'라는 의미를 갖는다. 즉 성령을 위하여 살면 우리가 성공한다는 뜻으로, '성령을 위하여 사는 자가 성령 충만한 삶을 살 수 있음'을 의미한다.

안타깝게도 우리는 많은 경우에 성령을 위하여 살지 않는다. 내가 가진 이 육체의 욕심을 위해 오히려 성령을 이용하면서 산다. 오랜 신앙생활을 하고 매일 새벽마다 새벽제단을 쌓으면서도 육체의 욕심을 이기기 위해 성령을 위해 사는 것이 아니라 육체의 욕심을 이루기 위해 성령을 이용하면서 사는 것이다. 이는 성령으로 성공하고 성령에 합의된 삶을 사는 것이 아니라 성령과는 전혀 반대된 삶에 합의하는 것이다.

이제 성령님과 세상에 각각 걸쳐 놓은 양다리를 접어야 한다. 성령으로 살기 위해서는 그러한 결단이 필요하다. 지금까지 성령으로 산다고 하면서도 오히려 그와 반대되는 삶을 살지는 않았는지 돌아보자. 또한 성령님을 이용하는 사람이 아닌, 성령님에게 이용당하는 사람이 되자.

✚ 변화된 라이프 스타일이 주는 기쁨

성령 충만이라는 귀한 선물을 잘 간직해야 한다. 이것이 내 삶을 바꿀 힘이라는 사실도 인정해야 한다. 이제 성령 충만의 라이프 스타일로 나와 내 주변의 사람들에게 영적인 영향력을 끼쳐 보자.

성령 충만의 삶이 주는 기쁨 1
언어와 감정 표출에 믿음으로 반응하게 된다
이제 우리가 내주하시는 성령님을 인정한다면 우리의 삶이 그리스도를 향하고 자연히 삶의 변화가 나타나게 된다. 우리의 언어에 제동이 걸리고 감정 표출에도 제동이 걸리게 된다. '하나님이 나와 함께 계시는데'라고 생각하기만 하면 우리는 똑같은 상황도 다른 각도에서 받아들일 수 있다.

그래서 도저히 용납할 수 없는 것마저도 용납할 수 있고 포기하기 어려운 것도 기꺼이 주님을 신뢰함으로 포기할 수 있다. 또한 정말 억울해서 견딜 수 없는 상황에서도 내 안에 계신 성령님을 인정한다면 하나님이 보상하실 거라는 믿음으로 참아낼 수 있게 된다.

성령 충만의 삶이 주는 기쁨 2
애쓰지 않아도 자연스럽게 성령의 열매가 맺힌다
성령으로 성공하면 성령의 열매가 맺힌다.

> "오직 성령의 열매는 사랑과 희락과 화평과 오래 참음과 자비와 양선과 충성과 온유와 절제니 이 같은 것을 금지할 법이 없느니라"_갈 5:22~23

여기서 주요한 것은 우리가 이 아홉 가지 열매를 맺기 위해 고군분투할 필요가 없다는 사실이다. 성령 충만하면 굳이 노력하지 않아도 성령의 열매가 삶 가운데 열린다는 것이다. 이것이 바로 성령의 역사이며 성령의 능력이다.

또한 이렇게 성령의 열매를 맺게 되면 내 삶을 통해 복음을 전할 수 있다. 성령이 맺게 해 주신 열매로 인해 사람들이 나에 대해 감동을 하고, 자연히 하나님 아버지의 품으로 돌아가게 되는 것이다.

체크리스트

	질문 리스트	체크란
1	성령님이 항상 내 안에 계심을 믿는가?	YES / NO
2	내주하시는 성령님으로 인해 인생 가운데 든든함을 느끼는가?	YES / NO
3	육체의 소욕이 밀려올 때 사로잡히지 않기 위해 과감히 떨치려고 노력하는가?	YES / NO
4	성령님이 곧 하나님이시며 예수님이심을 믿는가?	YES / NO
5	내가 성령님을 이용하는 것이 아니라, 내가 성령님을 위해 이용당하고 있는가?	YES / NO
6	내 안에 계신 성령님과 자주 소통하는가?	YES / NO
7	위기의 상황이 찾아왔을 때 가장 먼저 내 안에 계시는 성령님을 의지하는가?	YES / NO
8	육체의 욕심을 위해 성령의 역사를 간구하지 않도록 노력하고 있는가?	YES / NO
9	성령 충만으로 내 안에 성령의 열매가 맺히고 있는가?	YES / NO
10	성령님으로 인해 나의 부정적인 감정도 긍정적으로 조절되고 있는가?	YES / NO

Christian
Life Style

18

십자가를 지는 삶

누가복음 14:25~27

➕ 미완성인 나에게 필요한 라이프 스타일은?

〈빌립보서〉에서 사도 바울은 하나님이 은혜를 베풀어주시는 이유에 대해서 증거하고 있다.

> "그리스도를 위하여 너희에게 은혜를 주신 것은 다만 그를 믿을 뿐 아니라
> 또한 그를 위하여 고난도 받게 하려 하심이라"_빌 1:29

은혜를 베푸시는 것은 우리로 하여금 믿음의 삶을 잘 살게 하시기 위함만은 아니라는 것이다. 하나님은 은혜를 베푸신 그리스도를 위해서 고난받는 일도 기꺼이 감당할 수 있도록 은혜를 주신다. 안타깝게도 우리는 하나님이 은혜를 베푸시는 목적이 어디까지인지 알

지 못한 채 살아간다.

〈누가복음〉 14장 25~27절에는 그 목적이 잘 나타나 있다. 지금 예수님은 수많은 무리와 함께 동행하고 계신다. 이들은 주님이 불러 모은 사람들이 아니고 제 발로 주님을 찾아온 사람들이다. 그들은 속으로 주님을 통해 얻는 어떤 유익을 기대했었다. 그런데 그 많은 사람 중에서 예수님은 특별히 찾고 계시는 사람이 있었다. 바로 제자로서 예수님을 따를 사람이다.

그런데 그렇게 많은 무리가 있었음에도 예수님은 제자로서 예수님을 따를 사람을 찾지 못해 애태우셨다.

"수많은 무리가 함께 갈새 예수께서 돌이키사 이르시되"_눅 14:25

여기에서 '돌이키다'는 것은 '스트레포'(στρέφω)인데 '방향을 바꾸거나 몸을 돌린다'는 뜻이다. 또한 '변화시키고 조종한다'는 뜻이다. 주님은 그 많은 무리를 보시면서 만족하지 못하셨음에도 끝까지 포기하지 않으셨다. 누군가라도 변화될 수 있도록 노력하고 계신다. 그러면서 제자 됨의 본질, 십자가의 삶에 대해 말씀하신다.

그렇다면 지금 나는 과연 어떤 존재인가? 많은 무리와도 같은 구경꾼인가? 아니면 제자인가? 십자가는 분명히 기독교의 중심이다. 알맹이이자 본질이다. 십자가 없는 기독교는 기독교가 아니다. 특히 예수님은 하나님 나라를 제자들에게 가르치시고 하나님 나라를 사람들에게 설명하셨다. 그러던 중에 갑자기 십자가의 말씀을 하고 계신다. 결국 흐름으로 볼 때, 하나님 나라의 출입문이 십자가임을 알 수 있다. 하나님 나라의 백성 됨의 본질이 십자가의 삶이며, 십자가의 삶 없이 하나님 나라의 누림이 없고, 하나님 나라는 십자가의 삶 없이는 연결되지 않음을 보여 주고 계신 것이다.

그러나 〈누가복음〉 14장은 소금에 대한 이야기로 끝이 난다.

> "소금이 좋은 것이나 소금도 만일 그 맛을 잃으면 무엇으로 짜게 하리요 땅에도, 거름에도 쓸 데 없어 내 버리느니라 들을 귀가 있는 자는 들을지어다 하시니라"_눅 14:34~35

즉, 십자가의 삶을 살아야 하는 그리스도인에게서 십자가의 삶이 상실되어 버린다면 그는 맛을 잃은 소금과 동일하다는 것이다. 길바닥에 내버려져서 오고 가는 사람들에게 밟히는 버림의 인생이 되는 것이다.

오늘날 그리스도인이라는 이름을 가진 사람들이 모인 교회가 왜 세상에 짓밟힘을 당하는가? 왜 영광스러운 이름이 세상에서 비난받고 손가락질을 당하는가? 우리에게 십자가의 삶이 없기 때문이다. 소금이 마땅히 가지고 있어야 될 맛이 우리에게 없기 때문이다.

이제 우리는 버림받은 소금인지, 쓰이고 있는 소금인지를 살펴야 한다. 이제 밟히는 소금이 아닌 존귀하고 영광스러운 소금으로 살기 위해 십자가의 삶에 대해 배워 보자.

✚ 십자가를 지는 스타일을 취하라

나 중심의 삶을 포기하고 예수 중심의 삶을 살라

예수님은 자신을 따르는 사람들에게 말씀하셨다.

> "무릇 내게 오는 자가 자기 부모와 처자와 형제와 자매와 더욱이 자기 목
> 숨까지 미워하지 아니하면 능히 내 제자가 되지 못하고"_눅 14:26~27

이 말씀에 등장한 대상들, 즉 내 부모, 형제, 처자 등은 공통점이 있는데 그 어떤 사람들보다도 내 인생에서 소중한 존재라는 점이다. 특히 나와 직접적인 관계를 가진 가족들이다. 행여 마음에 들지 않는 구석이 있다 할지라도 버릴래야 버릴 수 없는 존재들이며 내 삶의 경계선에 있는 사람들이다.

그런데 예수님은 바로 이런 사람들을 미워하라고 하신다. 사람을 사랑할 것을 늘 강조하셨던 예수님께서 왜 이런 말씀을 하셨을까? 이것은 곧 그리스도 중심의 삶을 살라는 뜻이다. 제자가 되기 위해서는 중심이 하나로 모아져야 하고 그 중심이 바로 예수 그리스도가 되어야 한다는 것이다. 이것이 곧 그리스도인이 선택해야 할 십자가의 삶이다.

심지어 예수님은 자기 목숨까지 미워해야 한다고 하셨다. 이것은 곧 자기 부인의 삶을 의미한다. 우리 인생에 있어서 최우선 순위는 예수 그리스도가 되어야 하며 그리해야 우리는 제자로서 살 수가 있

다. 〈마가복음〉 8장 34절에서도 예수님은 말씀하셨다.

> "아무든지 나를 따라 오려거든 자기를 부인하고 자기 십자가를 지고 나를 따를 것이니라"

이렇게 내 중심적이었던 것들을 밀어놓고, 제자로서 예수님만 따라야 한다. 중심에 예수 그리스도만을 모심으로 십자가의 삶을 살아야 한다. 이러한 삶은 예수님이 십자가 고난을 통해 몸소 보여 주신 것이기도 하다.

> "너희 안에 이 마음을 품으라 곧 그리스도 예수의 마음이니 그는 근본 하나님의 본체시나 하나님과 동등 됨을 취할 것으로 여기지 아니하시고 오히려 자기를 비워 종의 형체를 가지사 사람들과 같이 되셨고 사람의 모양으로 나타나사 자기를 낮추시고 죽기까지 복종하셨으니 곧 십자가에 죽으심이라"_빌 2:5~8

여기서 십자가는 무엇을 의미하는가? 예수 그리스도는 하나님과 원래 동등했지만 하나님으로서 누릴 수 있는 모든 영광을 내어놓으시고 자기를 비워 두신 채 종의 형제로 이 땅에 오셨다. 그리고 죽기까지 복종하심으로 하나님의 뜻에 철저히 복종하셨다. 누릴 자격조차 모두 내려놓은 채 자기 부인의 삶을 사신 것이다. 그것이 바로 생명을 살리는 길이고 나를 부인하고 남을 살리는 것이 곧 십자가의 삶이다.

과연 오늘날 우리는 어떠한가? 돌아보면 우리는 이기적으로 신앙생활할 때가 너무나 많다. '하나님의 영광과 그리스도의 몸 된 교회를 위하여'라는 포장지로 쌓여 있기는 한데 그 포장지를 뜯고 나면 남은 것은 나뿐이다. 그렇게 나 중심의 삶과 신앙생활을 하고 있다. 말로는 예수보다 더 귀한 것은 없다고 찬양을 하면서도 실제로는 예수보다 더 귀한 내가 여기 있다고 주장하는 삶을 산다. 그렇게 나를 존귀하게 드러내는 것이 우리의 삶이다. 하나님의 영광이라는 이름을 걸고 땀 흘리는 듯 하지만 결국에는 내 명예와 안녕, 복지를 위할 때도 많다.

주님 곁에 모여 들었던 수많은 무리도 마찬가지였다. 그들은 주님으로부터 자기들의 기대를 충족시키고 자기들의 호기심을 만족시키려고 했다.

즉, 모여든 주 목적은 예수님 때문이 아니었다. 그렇기 때문에 예수님은 무리를 다 제자로 삼아 주시지 않고 그중에 자신을 부인하고 예수님을 따를 사람을 찾으신 것이다.

누군가는 왜 내가 내 삶을 부인해야 하느냐고 반문할 수도 있다. 내 중심의 삶을 포기하기를 꺼려할 수 있다. 그러나 예수 그리스도는 우리를 십자가에서 죽기까지 구원해 주셨다. 자기를 버리면서 우리를 건져 주셨다. 부도난 회사를 어떤 사람이 완전하게 살려 줘도 그 사람에게 평생을 감사하며 충성하고 싶을 텐데, 지금 우리는 지옥 가운데 떨어졌다가 다시 건짐 받은 것이다. 죽을 수밖에 없었는데 살아난 것이다.

그러므로 예수 중심의 삶을 살아가는 것, 나를 부인하는 것은 억울해 할 일이 아니다. 이 은혜를 온전히 이해하면 기꺼이 예수 중심의 삶을 추구하고 남을 위해 내가 죽는 십자가의 삶을 살게 된다.

거절, 외면할 수 없는 자기 사명을 지고 예수를 따르라

십자가를 진다는 것은 '바스타조'(βαστάζω)로, '운반한다', '부담한다', '견디다'는 의미를 가지고 있다. 즉, 십자가를 진다는 말은 십자가를 운반한다는 의미이며 이는 십자가를 내가 부담한다는 것을 말한다. 한마디로 십자가를 '내가' '견디어내는 것'이라고 할 수 있다.

그런데 보통 우리는 이런 말을 들었을 때, 십자가를 약간은 부정적으로 느낀다. 죽음, 고통, 힘듦, 어려움 등과 같이 너무나 어렵고 부담되는 과제로 생각한다. 이제는 십자가의 의미를 조금 달리 생각해 볼 필요가 있다.

예수님은 십자가를 지시기 전날 밤에 겟세마네 동산에서 간절히 기도하셨다. 땀방울이 핏방울이 될 정도로 간절하게 기도하시면서 이 잔이 내게서 지나가기를 간구하셨다. 인성을 가진 예수님에게도 십자가를 지는 일은 힘든 일일 수밖에 없었기 때문이다. 그럼에도 예수님은 그 일을 당연히 해야 함을 아셨다. 피하게 해 달라고는 말씀하셨지만 그래도 십자가를 질 것을 이미 굳히셨다. 그 일은 예수님에게 있어 거절할 수 없고 외면할 수 없는 것이었다. 그렇게 예수님은 아버지 뜻대로 해 달라고 다시 기도하신다. 그리고 그 다음날 예수님은 심판을 위해 법정에 끌려가셨고 이후 십자가의 형틀을 지신 후 십자가에서 돌아가셨다.

십자가는 다른 사람들에게 그저 죄인을 형벌하는 형틀에 불과했다. 그러나 하나님께는 우리의 구원을 위해 세우신 도구로 바라보셨다. 세상 사람들 그 누구도 그 십자가가 하나님의 구원의 뜻임은 알지 못했겠지만, 분명 그 십자가는 하나님이 반듯하게 세워 놓은 그분의 계획이었다. 즉 예수님에게 있어 그 십자가는 거절할 수 없는, 싫어도 감당해야 했던, 외면하고 싶었지만 외면할 수 없는, 자신에게만 주어진 사명이었다. 이것이 십자가의 의미이다.

그런데 예수님이 우리에게 십자가를 지고 따르라고 하셨다. 이것은 무엇을 의미하는가? 사실 예수님의 십자가는 예수님 외에 그 누구도 질 자가 없다. 이것은 아무나 할 수 있는 것이 아니다. 죄 없는 사람만이 가능하다. 그런데 죄 없는 인생이 없기 때문에 사실상 우리가 진다는 것은 말이 안 된다. 그럼에도 이렇게 말씀하셨다는 것은 우리에게 놀라운 사명을 주셨다는 것이다.

동시에 우리 한 사람 한 사람을 향한 하나님의 계획하심이 있다는 것이다. 비록 십자가를 진다는 것은 쉬운 일은 아니지만 그 사명이 우리에게 주어졌다는 것은 영광이자 감격이다. 마치 죽어야 마땅한 죄인을 살려 주신 것에 그치는 것이 아니라, 그에게 가장 높은 직무를 맡겨 준 것과도 같다.

✚ 변화된 라이프 스타일이 주는 기쁨

나를 부인하고 십자가를 지고 예수님을 따르면 제자로서 영광스러운 삶을 살게 된다. 제자가 누릴 수 있는 삶의 모습을 살펴보자.

나의 존재 목적과 살아 있는 이유를 알게 된다

우리는 본래 낮고 천하고 보잘것없는 인생이다. 그런데 이런 우리에게 십자가를 지라고 하신 것은 무엇을 의미하는가? 바로 하나님이 나를 위해 놀라운 계획을 갖고 계심을 의미한다. 즉, 예수님이 아니면 안 되는 일이 있듯이, 내가 아니면 안 되는 일이 있음을 뜻한다. 그 누구를 통해서도 하나님이 이루고 싶어 하지 않는 내게만 주어진 사명이 있는 것이다.

이것은 매우 감격스러운 일이다. 뿐만 아니라 이 사명은 나의 존재 목적, 내가 사는 이유이기도 하다. 하나님이 내게 맡기신 그 사명 때문에 내가 사는 것이다.

오늘날 많은 사람이 부지런하게 살아가면서도 늘 낙담하며 인생의 의미를 몰라 방황하곤 한다. 무엇인가 성공을 이룬 뒤 허탈감에 빠진다. 그러나 하나님께서 주신 사명을 가지게 되면 왜 사는지 방황할 필요가 없다. 분명한 존재 목적으로 인해 흔들리지 않는 삶을 살게 된다.

참된 진리를 세상에 전하는 영향력 있는 사람이 된다

우리는 이 세상에서 높아지고 싶고, 사람들에게 인정받고 싶어 한다. 그것을 꿈꾸고 그것을 삶의 목적으로 삼기도 한다. 그러나 그런 명예욕은 다 헛된 것에 불과하다.

반면 그리스도인이 소금이 되어 세상에 진정한 영향력을 발휘하는 것은 헛되지 않다. 가장 의미 있는 일이다. 우리가 예수님의 제자가 되어 헌신하게 되면 바로 소금으로서 기능할 수 있게 된다. 즉 가장 영향력있는 사람이 되는 것이다. 단순히 사람들에게 일시적으로 추앙받는 차원이 아닌, 진정한 깨달음과 진리를 안겨 줄 수 있는 그리스도의 사람이 될 수 있는 것이다. 또한 십자가를 짊어짐으로 인해 나타낼 수 있는 영향력은 영원하다.

	질문 리스트	체크란
1	하나님이 은혜를 베푸시는 목적을 잘 알고 있는가?	YES / NO
2	하나님 나라를 경험하려면 십자가의 삶이 필요함을 인정하는가?	YES / NO
3	제자로 부름받기 위해 십자가를 기꺼이 질 수 있겠는가?	YES / NO
4	나는 과연 맛 잃은 소금이 아닌, 쓰 받는 소금인가?	YES / NO
5	나는 가족, 친구보다 예수님께 인생의 비중을 더 두고 있는가?	YES / NO
6	나를 부인하고 남을 살리는 삶을 살고 있는가?	YES / NO
7	하나님의 은혜를 떠올리는 한, 나를 부인하며 사는 것이 억울한 일이 아님을 인정하는가?	YES / NO
8	십자가를 지는 것은 부담이 아닌, 아무나 할 수 없는 놀라운 사명이라고 생각하는가?	YES / NO
9	십자가 뒤에 기다리고 있을 영광의 시간을 기대하고 있는가?	YES / NO
10	제자로서 사명감을 의식하며 사는가?	YES / NO

체크 리스트

Christian
Life Style

19

응답의 삶

열왕기상 18:36~38

✚ 미완성인 나에게 필요한 라이프 스타일은?

성경은 우리가 믿는 하나님이 응답의 하나님이심을 가르치고 있다.

"구하라 그리하면 너희에게 주실 것이요 찾으라 그리하면 찾아낼 것이요
문을 두드리라 그리하면 너희에게 열릴 것이니 구하는 이마다 받을 것이
요 찾는 이는 찾아낼 것이요 두드리는 이에게는 열릴 것이니라 너희 중에
누가 아들이 떡을 달라 하는데 돌을 주며 생선을 달라 하는데 뱀을 줄 사람
이 있겠느냐 너희가 악한 자라도 좋은 것으로 자식에게 줄 줄 알거든 하물
며 하늘에 계신 너희 아버지께서 구하는 자에게 좋은 것으로 주시지 않겠
느냐"_마 7:7~11

이 말씀뿐만이 아니라, 성경은 전반적으로 하나님이 응답하시는

하나님임을 나타내고 있다. 성경에 나타나는 역사는 응답하시는 하나님의 응답 내용이 어떤 것인가를 우리에게 보여 주는 기록이라고 할 수 있다. 또 하나의 대표적인 말씀은 〈예레미야서〉 33장 2절과 3절이다.

"일을 행하시는 여호와, 그것을 만들며 성취하시는 여호와, 그의 이름을 여호와라 하는 이가 이와 같이 이르시도다 너는 내게 부르짖으라 내가 네게 응답하겠고 네가 알지 못하는 크고 은밀한 일을 네게 보이리라"

이 말씀에 따라 우리는 응답하시는 하나님을 신뢰하고 그분을 향해 늘 응답을 구해야 한다. 응답은 욕심도 환상도 아니요, 성경의 가르침 그 자체이다. 신앙의 본질 자체가 하나님의 응답과 깊이 연관된다고도 할 수 있다. 예수를 믿어 구원을 얻게 된 것부터가 우리의 자체적인 노력에 의해서 된 것이 아니다. 하나님의 응답에 의해 가능해진 것이다. 그밖에도 우리가 하나님 안에서 얻고 누리는 모든 은혜가 하나님의 응답이라고 할 수 있다.

이제 우리는 하나님이 응답하시는 분임을 알기에 그분을 신뢰하고 의지하며 소망하고 기대해야 한다. 우리의 삶이 내 멋대로의 삶이 아닌 하나님으로부터 응답을 받고 그 응답에 따라 살아가는 삶이 되어야 한다.

✚ 응답의 스타일을 취하라

응답을 기대하며 구하는 삶을 살라

이 세상에서 하나님의 응답을 필요로 하지 않는 사람은 단 한 사람도 없다. 우리의 힘과 능력만으로는 이 세상을 살아갈 수 없다. 우리가 가진 능력 이상의 도움이 필요한데, 그 도움을 주실 수 있는 분은 하나님뿐이다. 그렇게 우리는 늘 하나님의 응답을 기대하고 소망할 수밖에 없다. 평상시에 인식하지는 못하지만 우리가 호흡할 수 있다는 것 자체도 하나님의 도우심이 있어야 가능하다. 그렇게 우리의 삶은 하나님의 응답이 있어야만 올바로 나아갈 수 있다. 이 응답을 기대하고 필요로 하는 것이 우리가 가져야 할 신앙의 모습 중 하나이다.

〈열왕기상〉 18장은 하나님의 응답을 필요로 하는 상황을 그리고 있다.

> "엘리야가 아합에게 보이려고 가니 그 때에 사마리아에 기근이 심하였더라"_왕상 18:2

지금 기근이 극심하여 백성이 큰 위기에 처하게 되었다. 저마다 자신들이 소유하고 있는 모든 것을 잃게 될 아주 절박한 상황인 것이다. 이럴 때 필요한 것은 단 하나, '하나님의 응답'이다. 그런데 하나님의 응답이 절실히 필요한 상황에서 세 부류의 사람이 등장한다.

첫 번째는 아합 왕이다. 그는 지금 왕으로서 누구보다 당혹스러워하고 있다. 그는 막강한 권력을 지닌 최고 지배자이지만 하나님의 응답이 더욱 절실히 필요한 이 상황에서는 아무것도 할 수 있는 것이 없다. 물을 만들어 낼 수도 없고, 물을 가져 올 수도 없고, 물을 불러 올 수도 없다. 온 천하를 호령할 수 있는 막강한 권력이 이 상황에서는 속수무책이다. 그가 그나마 할 수 있는 것이라고는 물이 나는 것을 찾는 것 정도이다.

여기서 우리는 인간 권력의 한계도 엿볼 수 있다. 우리는 이 땅에서의 권력을 사모하고 그것을 얻기 위해 인생을 바치기도 하는데, 그것은 모든 조건이 다 갖춰졌을 때에야 가치를 발할 뿐이다. 지금 이런 상황이라면 권력도 아무 소용없다.

두 번째는 바알신을 섬기는 선지자 450명과 아세라신을 섬기는 선지자 400명이다. 이들 역시 나름 선지자랍시고 신과 백성 사이를 연결해 줄 수 있다고 한다. 하지만 정작 가뭄의 상황 앞에서는 아무것도 할 수 있는 것이 없다. 그들은 자신들이 믿는 신과 직통하고 신과 교제하는 신의 사람들이라 자칭했지만 정작 그 신이 헛것이기에 그들은 문제를 해결해 줄 수 없었다.

세 번째는 이스라엘 백성이다. 이 백성은 말 그대로 다수이다. 이 다수의 힘은 대단하다. 다수가 결정하면 그것이 법이 되고 그것이 기준이 되기도 한다. 또한 어떠한 일에 대항하여 다수가 일어나고 다수가 항거하게 되면 그것이 지켜지거나 통과되기도 한다. 그러나 다수의 힘 역시 가뭄의 상황에서는 아무런 도움이 되지 못했다.

특히 이들은 하나님이 택하신 선민이었지만 하나님을 떠난 자들이다. 지난날 하나님으로부터 응답의 은혜를 입었지만 지금의 상황에서 하나님의 응답이 필요하다는 것을 생각하지 못하고 있다. 이방신을 섬기고 있었기에 때문에 하나님을 부르려는 생각을 하지 못한 것이다.

이 세 부류는 하나님의 응답에 대해 아예 모르거나 응답에 대해 잊어버린 사람들이다. 하나님의 응답 외에는 그 어떤 것도 필요하지 않은 이 상황에서 가장 중요한 것을 놓치고 있다. 그 한 가지가 없기에 그 많은 사람이 기근 앞에서 쩔쩔매고만 있다.

응답을 필요로 하고 응답을 기대할 수 있다는 것 자체가 신앙이다. 하나님이 분명히 존재하고 계심에도 응답을 청하지 못하는 것이 비극이다. 그런데 이렇게 쉬워 보이는 일을 우리가 간과할 때가 많다. 마치 앞의 세 부류 사람들의 전철을 따를 때가 많다. 한숨짓고 탄식하고 불안해하고 두려워하고 나의 내일이 어떻게 될까 알지 못해 까만 밤을 하얗게 지새우면서도 끝내 하나님의 응답은 구하지 않는다. 하나님의 응답이 중요함을 알면서도 정작 실전에서는 머리만 싸매고 있다. 너무 사소한 문제라서 응답을 구하지 않기도 하고 너무 큰 문제라서 응답을 기대해도 해결이 안 될까 봐 구하지 않기도 한다.

이것이 우리의 안타까운 현실이다. 응답을 기대하면서 구하기만 해도 우리 인생은 평안할 수 있다. 문제가 하나님께 이미 넘어갔으니 우리가 근심할 이유는 이제 없다. 그러므로 어떤 상황에서든지 응답을 기대하고 구하고 기다리는 것이 필요하다. 이렇게 기본적인 것을 너무나 쉽게 놓치고 있는 우리의 현실을 바꾸어 나가야 한다.

응답하시는 하나님에 대한 절대적인 확신을 가져라

응답을 기대하고 구했으면 어떻게 응답을 얻을 수 있을까? 응답의 하나님을 경험하기 위해서는 그 하나님에 대한 절대적 확신으로부터 출발해야 한다. 〈열왕기상〉 18장에서 하나님의 선지자인 엘리야의 모습은 매우 당당하고 담대하다. 사실 인간적으로 보면 담대하기 힘든 상황이다. 17장에서 엘리야 비가 한 방울도 안 올 것을 예언한 후 그릿 시냇가로 피했는데, 그 이후 3년이라는 세월 동안 비가 한 방울도 내리지 않았다. 결국 아합은 엘리야 체포령을 내렸다. 그는 엘리야가 이스라엘을 괴롭게 하는 자라 여겼던 것이다.

그렇게 수배되던 자가 지금 왕 앞에 나왔다. 그러나 하나님의 말씀만을 전하던 그는 당당하게 하나님의 뜻을 다시금 전한다.

> "그가 대답하되 내가 이스라엘을 괴롭게 한 것이 아니라 당신과 당신의 아버지의 집이 괴롭게 하였으니 이는 여호와의 명령을 버렸고 당신이 바알들을 따랐음이라"_왕상 18:18

그렇지 않아도 미움을 받고 수배 중인데, 엘리야는 또다시 왕의 죄를 지적하고 있다. 게다가 당당히 왕에게 제안을 하기도 한다. 바로 제단을 쌓은 후 불로 응답하시는 이를 참 하나님으로 인정하자는 제안이다.

그런데 이때 엘리야는 인간적인 눈으로 보기에 매우 당황스러운 행동을 하고 있다. 불이 내리기를 기다리고 기대하는 상황에서 자기가 준비한 제단 곁 도랑에다가 물이 넘치도록 채우는 것이다. 그런데 엘리야의 기도에 하나님은 불로 응답을 하셨다. 우상을 섬기는 다른 선지자들에게는 아무런 일이 일어나지 않았지만 엘리야는 응답을 받은 것이다.

엘리야가 이렇게 담대하기 힘든 상황에서도 담대할 수 있었던 것은 응답하시는 하나님에 대한 절대적인 확신이 있었기 때문이다. 그 확신이 없었다면 이 모든 행동을 시도조차 못했을 것이다. 그렇다면 우리에게는 왜 이러한 절대적인 확신이 없는 것일까?

엘리야도 처음부터 절대적인 확신으로 하나님의 응답을 기대하며 산 것은 아니었다. 하나님의 도우심을 분명히 체험했고, 그로 인해 하나님의 응답에 대한 절대적인 신뢰를 학습할 수 있었다. 그릿 시냇가에 숨어 살 때도 처음에는 무엇을 먹고살지 걱정할 뿐이었지만 하나님이 까마귀를 통해서 매일 먹을 것을 공수해 주셨고, 사르밧 과부 집에 있을 때에도 과부가 한 줌밖에 없는 가루로 엘리야를 대접하자 가루가 마르지 않는 일이 일어나는 것을 목격할 수 있었다. 또한 과부의 아들이 죽었을 때도 기도하자 다시 살아나는 것을 경험했다. 엘리야는 그렇게 응답하시는 하나님을 체험했기에 절대적인 확신을 가질 수 있었던 것이다.

우리도 돌아보면 하나님의 절대적인 도우심을 받았던 경험들이 있다. 그런데 그렇게 몸소 체험했음에도 쉽게 잊어버린다. 마치 이스라엘 백성이 잊어버린 것과 마찬가지이다. 이제 우리는 엘리야처럼 그것을 하나하나 기억하고 응답하시는 하나님에 대한 절대적인 신뢰를 가져야 한다. 그래서 동일한 상황이 다시 발생했을 때, 주저

앉아만 있을 것이 아니라 당당히 하나님의 응답을 구하고 당당히 응답을 주실 것을 기대해야 한다.

변화를 위한 Tip 3

헌신을 결단하는 그 자리가 하나님의 응답이 있는 자리이다

〈열왕기상〉 18장의 상황에서 이스라엘 백성은 물을 구하고 있다. 그런데 엘리야는 불을 구하고 있다. 여기서 불에 대한 이해를 좀 더 깊게 가져 볼 필요가 있는데, 구약성경에는 불이 임한 사건이 이 밖에도 세 번 일어난다. 첫 번째는 〈레위기〉 9장에 나타나는데 성막을 처음 건축하고 아론이 첫 제물을 주님 앞에 드리자 하늘에서 불이 임했고 거기에 있는 재물을 불살랐다. 두 번째 불이 임한 사건은 〈역대상〉 21장에 나타나는데, 성막을 성전으로 건축하기 위해서 다윗이 타작마당에 틀을 구입하고 이곳에 하나님의 성전을 짓겠다며 제사를 지냈는데 이때도 하늘에서 불이 내려서 제물을 불살랐다. 세 번째가 〈역대하〉 7장에 나타나는데, 솔로몬이 하나님의 성전을 짓고 하나님 앞에 기쁨의 제사를 지낼 때 하늘에서 불이 내려 그 제물을 불살랐다.

이 사건들에는 한 가지 공통점이 있다. 모두가 성막이나 성전으로 인해 하나님 앞에 감사를 드리며 헌신의 제물을 드릴 때 불이 내렸다는 것이다. 하늘에서 불이 내렸다는 것은 그 제사를 받으셨다는 증표, 즉 응답이라고 할 수 있는데, 여기에서 응답의 은혜가 언제 경험될 수 있는지를 알 수 있다. 헌신을 결단하는 바로 그 장소에서 하나님의 응답이 임한다는 것이다.

엘리야도 지금 단순히 비의 문제를 해결하는 것에 집중하지 않았다. 그 전에 하나님 앞에서 신앙이 잘못되었던 것을 회개하고 다시금 바른 신앙으로 헌신하기를 결단하고자 하였다. 그 수단으로 불의 응답을 구했던 것이다.

그래서 엘리야는 불이 임함으로써 '저들이 하나님이 하나님인 줄 알게 해 달라'고 기도하기도 했다. 이를 통해 다시금 그들이 마음을 다잡고 하나님 앞에 헌신하기를 기대했다. 그렇게 당장 필요한 물보다 불을 구했고 이를 통해 헌신의 삶을 드리고자 했다. 그리고 하나님은 불을 내려 응답하셨다.

우리의 삶에서도 물보다 불이 먼저여야 한다. 즉 단순히 필요를 요청하는 것에만 관심을 두고 하나님을 이용하려고만 하는 것이 아니라, 응답의 은혜를 기대함과 동시에 헌신을 결단해야 한다는 것이다. 하나님 앞에 나는 지금 어떻게 살며 하나님이 내게 부어 주시는 그 은혜에 대하여 어떻게 감사로 응답을 하는지를 살피고 새롭게 헌신을 보여드려야 한다.

헌신의 결단이 있는 그 자리에 하나님 응답의 능력을 체험할 수 있다. 그 응답을 절대적으로 기대하며 헌신의 결단을 드리자. 주저할 이유가 없다. 우리의 헌신이 아까울 이유가 전혀 없다. 하나님을 향한 절대적인 신뢰가 있다면 이것은 무조건 가능하다.

✚ 변화된 라이프 스타일이 주는 기쁨

절대적인 신뢰로 응답을 기대하고 그 응답을 인생 가운데서 마음껏 누리자. 더 나아가 헌신을 통해 응답하시는 하나님을 기쁘게 해드리는 라이프 스타일을 갖자. 그런 사람의 삶에는 다음과 같은 복이 임한다.

응답의 삶이 주는 기쁨 1
하나님의 영광이 임하는 삶이 된다

엘리야는 하나님의 응답을 받기 위해 무너진 제단을 재건했다. 제단을 수축하자 하나님의 응답인 불이 임했다. 여기서 제단은 하나님의 영광을 의미한다. 그 제단에서 제사할 때 하나님이 영광 중에 임재하시는 것이다.

그러므로 응답받기 위해 무너진 제단을 재건하고 수축한다는 것은 곧 하나님의 영광을 나타내기 위한 기초 작업이 된다. 그렇게 응답하시는 하나님을 신뢰하며 제단을 쌓는 자에게 하나님은 영광을 드러내시고 영광으로 임재해 주신다.

즉, 응답을 구하는 인생은 하나님의 영광을 경험하고 이 세상에 그 영광을 드러내는 삶을 살 수 있다. 우리는 나름 열심히 노력하고 헌신한다고 하면서도 정작 나를 드러내기 위해 살 때가 많다. 그래서 분명히 하나님을 위해 한다고 했는데, 결국 내가 드러나는 경우가 많다.

그렇게 내가 드러나면 아무리 하나님의 일처럼 보인다 해도 결국은 의미 없고 허무한 일로 끝나 버린다. 처음에는 내가 높아지는 것 같아 기분이 좋을 수도 있지만 이내 그것이 아무 가치가 없음을 깨닫게 된다.

그러나 응답을 기대하고 구하고 그 가운데서 헌신하는 자는 하나님의 뜻을 실현하기 위해 노력하는 것인 만큼 하나님의 영광만을 드러낼 수 있게 된다. 그런 하나님의 영광이 우리 삶에 임하면 그 어떤 때보다 참된 기쁨을 누릴 수 있고 하나님 안에서 내가 빛남으로 내가 내 영광을 구했을 때보다 더 큰 행복을 누릴 수 있다.

응답의 삶이 주는 기쁨 2
내 인생의 매듭이 풀린다

각 사람마다 풀리지 않는 매듭이 있다. 내 힘으로 오늘 풀지 못하는 매듭은 세월이 지난다고 해서 풀리는 것이 아니다. 내 힘으로 풀지 못했기 때문에 1년을 지나고, 또 1년이 지나도 절대 풀리지 않는다. 그런데 그 매듭을 거머쥐고 탄식하며 절망하고 한숨짓고 원망하며 불안해하고 두려워한다고 해서 풀리지 않는다.

그것을 풀 수 있는 분은 하나님뿐이시다. 하나님은 우리가 오랜 세월 풀지 못했던 그 매듭을 풀어 주시고 그 안에 담긴 뜻을 알려 주신다. 단순한 문제 해결에 그치시는 응답이 아니라, 내 인생이 나아가야 할 방향을 함께 응답으로 알려 주신다.

그러므로 매듭을 풀어 주시는 하나님의 응답을 경험하게 된다면, 하나님이 나에게 뜻하시는 사명과 비전에 대해서도 분명한 그림을 그릴 수 있게 될 것이다. 가령, 나의 부족함으로 인해 계속해서 실패하는 것을 경험했는데 하나님은 그 실패를 통해 실패자들을 위로하는 사명을 주실 수 있다. 하나님은 그렇게 매듭을 풀어 주실 때, 한동안 풀리지 않았던 이유까지도 함께 깨닫게 하시며 하나님의 일꾼으로 더 당당히 설 수 있게 해 주신다.

체크 리스트

	질문 리스트	체크란
1	하나님의 응답 없이는 단 한순간도 살 수 없음을 인정하는가?	YES / NO
2	하나님의 응답을 일상 중에도 느끼며 살고 있는가?	YES / NO
3	지극히 사소한 것도 아뢰기만 하면 하나님께서 응답하실 것을 믿는가?	YES / NO
4	지극힌 큰 문제도 아뢰기만 하면 하나님께서 응답하실 것을 믿는가?	YES / NO
5	응답을 기대하며 하나님께 구하는 순간 우리의 고민은 하나님께로 옮겨짐을 인정하는가?	YES / NO
6	세상 권력보다 하나님의 응답이 더 절대적인 힘임을 인정하는가?	YES / NO
7	다수의 힘과 목소리보다 하나님의 응답이 더 강력하다는 것을 인정하는가?	YES / NO
8	일단 구하고 나면 어떤 방식으로든 응답하실 것을 절대적으로 믿는가?	YES / NO
9	응답을 구함과 동시에 헌신을 결단하고 있는가?	YES / NO
10	응답하시는 하나님을 위해서라면 그 어떤 헌신도 아깝지 않다고 생각하는가?	YES / NO

Christian
Life Style
20

십일조의 삶

말라기 3:10~12

✚ 미완성인 나에게 필요한 라이프 스타일은?

　오늘날 교회에서 헌금에 대한 설교하기를 약간 꺼려하는 경향이 있다. 성도들에게 부담을 줄 수 있다고 여기기 때문이다. 그럼에도 헌금에 대한 선포가 반드시 필요한데, 그 이유는 헌금생활은 성도의 영적인 삶과 밀접한 관계가 있기 때문이다. 특히 십일조의 삶은 더욱 분명히 가르쳐야 한다.

　성경 역사에서 영적 부흥의 불을 붙일 때는 늘 헌금이 언급되곤 했다. 히스기야 때도 그가 그 민족을 개혁하며 다시 한 번 영적 부흥의 불을 붙이려고 했는데 이때도 헌금이 언급되고 있다.

"또 예루살렘에 사는 백성을 명령하여 제사장들과 레위 사람들 몫의 음식

을 주어 그들에게 여호와의 율법을 힘쓰게 하라 하니라 왕의 명령이 내리
자 곧 이스라엘 자손이 곡식과 포도주와 기름과 꿀과 밭의 모든 소산의 첫
열매들을 풍성히 드렸고 또 모든 것의 십일조를 많이 가져왔으며 유다 여
러 성읍에 사는 이스라엘과 유다 자손들도 소와 양의 십일조를 가져왔고
또 그들의 하나님 여호와께 구별하여 드릴 성물의 십일조를 가져왔으며
그것을 쌓아 여러 더미를 이루었는데"_대하 31:4~6

민족이 다시금 회복의 역사를 맞이하고 부흥을 일으킬 때 함께 따
라온 것이 바로 십일조와 헌물의 삶이었던 것이다. 뿐만 아니라 느
헤미야 때도 포로의 자리에서 돌아오면서 민족의 영적 부흥을 위한
움직임이 일어나게 된다.

이때도 어김없이 영적인 부흥과 헌금이 연결되는 것을 확인할 수
있다.

"우리 제사장들과 레위 사람들과 백성들이 제비 뽑아 각기 종족대로 해
마다 정한 시기에 나무를 우리 하나님의 전에 바쳐 율법에 기록한 대로
우리 하나님 여호와의 제단에 사르게 하였고 해마다 우리 토지 소산의
맏물과 각종 과목의 첫 열매를 여호와의 전에 드리기로 하였고 또 우리
의 맏아들들과 가축의 처음 난 것과 소와 양의 처음 난 것을 율법에 기록
된 대로 우리 하나님의 전으로 가져다가 우리 하나님의 전에서 섬기는
제사장들에게 주고 또 처음 익은 밀의 가루와 거제물과 각종 과목의 열
매와 새 포도주와 기름을 제사장들에게로 가져다가 우리 하나님의 전의
여러 방에 두고 또 우리 산물의 십일조를 레위 사람들에게 주리라 하였
나니"_느 10:34~37

레위 사람들은 우리의 모든 성읍에서 산물의 십일조를 받는 자들

인데, 이들에게 영적인 각성이 일어날 때 가장 먼저 분명하게 나타난 변화가 바로 십일조의 삶이었다. 이렇게 헌금의 삶, 특별히 십일조의 삶은 우리의 영적인 삶에서 대단히 중요하다.

그런데 우리는 영적인 삶과 헌금이 아무런 관계가 없다고 생각할 때가 많다. 기도 많이 하고, 말씀 많이 읽으면 영적인 삶을 살게 될 것이고, 어떤 경건한 삶을 살면 영적인 삶이 회복될 것이라고 보는 것이다.

그러나 십일조를 드리느냐, 마느냐는 우리 신앙의 아주 기본적인 부분에서 중요하게 다루어져야 할 내용이다. 아무리 기도와 말씀 읽는 것에 전력을 다 한다고 해도 이 부분이 선행되지 않으면 아무 소용이 없을 정도이다.

혹시 나는 그동안 어떻게 십일조 생활을 했는지 돌아보자. 사람을 의식해서 드리거나, 내 기분에 따라 드리거나 하지 않았는가? 그냥 충동적인 마음으로 드리지는 않았는가?

이제 성경이 가르치는 어떤 원칙과 그 안에 담긴 의미를 바로 알아야 한다. 그래서 헌금 신앙을 바로잡아 내 신앙의 기초도 다시금 확고히 할 수 있어야 한다.

✚ 십일조의 스타일을 취하라

십일조는 하나님의 명령이다

십일조는 율법이 주어지기 전부터 존재했다. 〈창세기〉 14장에는 아브라함이 전쟁을 하고 돌아와 제사장 멜기세덱을 만나는 장면이 나온다. 이때 멜기세덱은 아브라함에게 승리를 주신 하나님께 찬양과 경배를 드리라고 말했고 이에 아브라함은 얻은 것에서 십 분의 일을 멜기세덱에게 주었다.

> "너희 대적을 네 손에 붙이신 지극히 높으신 하나님을 찬송할지로다 하매
> 아브람이 그 얻은 것에서 십분의 일을 멜기세덱에게 주었더라"_창 14:20

야곱 역시 에서를 피해 도망치던 중, 내게 주신 모든 것에서 십 분의 일을 드리겠다는 서원을 한다.

> "야곱이 서원하여 이르되 하나님이 나와 함께 계셔서 내가 가는 이 길에
> 서 나를 지키시고 먹을 떡과 입을 옷을 주시어 내가 평안히 아버지 집으
> 로 돌아가게 하시오면 여호와께서 나의 하나님이 되실 것이요 내가 기
> 둥으로 세운 이 돌이 하나님의 집이 될 것이요 하나님께서 내게 주신 모
> 든 것에서 십분의 일을 내가 반드시 하나님께 드리겠나이다 하였더라"
> _창 28:20~22

그리고 나서 모세의 율법을 통해 십일조가 좀 더 분명하게 언급되

고 있는데 〈레위기〉 27장 30~32절은 이를 전하고 있다.

> "그리고 그 땅의 십분의 일 곧 그 땅의 곡식이나 나무의 열매는 그 십분의
> 일은 여호와의 것이니 여호와의 성물이라 또 만일 어떤 사람이 그의 십일
> 조를 무르려면 그것에 오분의 일을 더할 것이요 모든 소나 양의 십일조는
> 목자의 지팡이 아래로 통과하는 것의 열 번째의 것마다 여호와의 성물이
> 되리라"

특히 이 말씀에서는 십일조를 분명히 여호와의 것이라고 설명한
다. 곧 십일조는 하나님의 독점적 권리이다. 우리에게 어떤 권한이
있는 것이 아니다.

이처럼 모세의 율법이 있기 전에도 십일조는 존재해 왔고, 모세의
율법을 통해서도 우리에게 십일조를 드리며 살 것을 명령했다. 십
일조는 이처럼 취사 선택이 아닌 분명한 명령이다. 심지어 제사장
도 십일조를 드리는 것에서 예외 되지 않았다. 원래 제사장은 기업
을 갖고 있지 않기 때문에 십일조로 생활을 하게 된다. 개인 생활뿐
만이 아니라 성전을 지키며 제사장의 직무를 수행하는 데에 십일조
가 사용된다.

그런데 십일조로 생활을 하는 제사장도 십일조를 해야 된다고 가
르치고 있다.

> "여호와께서 모세에게 말씀하여 이르시되 .너는 레위인에게 말하여 그에
> 게 이르라 내가 이스라엘 자손에게 받아 너희에게 기업으로 준 십일조를
> 너희가 그들에게서 받을 때에 그 십일조의 십일조를 거제로 여호와께 드
> 릴 것이라"_민 18:25~26

그만큼 모두에게 십일조 생활은 중요하다. 이러한 말씀은 구약성경이 십일조에 대해서 얼마나 철저한 관심을 가지고 있는지를 보여준다. 그런데 이러한 강조는 단지 십일조에 대한 강조만을 의미하는 것이 아니다. 이것은 하나님의 백성이 그들답게 사는 것을 강조하고 있다.

십일조와 관련된 말씀은 신약시대 때도 이어진다. 〈마태복음〉에 보면 이 바리새인과 서기관들이 철저하게 율법주의자로 살아가는데 예수님이 그들을 향해 하신 말씀을 보면 십일조가 등장하는 것을 살펴볼 수 있다.

"화 있을진저 외식하는 서기관들과 바리새인들이여 너희가 박하와 회향과 근채의 십일조는 드리되 율법의 더 중한 바 정의와 긍휼과 믿음은 버렸도다 그러나 이것도 행하고 저것도 버리지 말아야 할지니라"_마 23:23

이처럼 신약시대에도 십일조는 여전히 중요하게 다루어진다. 그러므로 십일조의 라이프 스타일을 갖기 위해서 우선적으로 십일조가 명령임을 인정해야 한다. 이제 십일조가 시대를 초월한 하나님의 명령임을 기억하자. 내 판단과 상황에 따라 선택할 수 있는 것이 아닌 하나님의 절대 명령임을 기억하자.

변화를 위한 Tip 2

하나님을 하나님으로 인정하고 고백하라

십일조는 하나님의 명령으로 반드시 지켜야 한다. 그런데 십일조를 하는 것 자체도 중요하지만 그 안에 담긴 본질적 의미를 기억하며 드리는 것이 더 중요하다. 그래서 예수님은 바리새인과 서기관들이 의식적, 의례적으로만 십일조를 드리는 것에 대해 책망하셨다(마 23:23).

그렇다면 십일조의 의미는 무엇인가? 십일조는 기독교인이 교회에 내야 하는 세금의 차원이 아니다. 십일조는 여호와 하나님이 우주의 주인임을 인정하는 것이다. 온 우주 만물을 하나님이 만드셨고 지금도 우주 만물을 주관하시는 분이 하나님이심을 고백하는 것이다. 즉 '십일조를 드린다'는 것은 '모든 것을 하나님이 다 주셨습니다'를 표현하는 것이다.

그래서 성경은 십일조를 하나님의 것으로 분명하게 명시한다.

> "사람이 어찌 하나님의 것을 도둑질하겠느냐 그러나 너희는 나의 것을 도둑질하고도 말하기를 우리가 어떻게 주의 것을 도둑질하였나이까 하는도다 이는 곧 십일조와 봉헌물이라"_말 3:8

특히 이 말씀에서는 십일조를 안 낸 것을 도둑질이라고까지 표현하고 있다. 이 말씀은 당시 배경에 비추어 살펴볼 필요가 있다. 〈말라기서〉는 하나님께서 이스라엘 민족을 다시금 영적으로 새롭게 일구시는 내용을 담고 있다. 하나님의 백성이 하나님의 백성답지 못한 자리에 떨어져 아주 부패한 삶을 살고 있었는데, 하나님께서 말라기 선지자를 그들에게 보내신 것이다. 그래서 말라기를 통해 죄가 무엇인지를 지적하시고 그들의 죄를 들추어 내셨다.

뿐만 아니라 그들이 다시 하나님께로 돌아와 하나님이 기뻐하는 이스라엘 민족으로 다시 설 수 있게 해 주셨다.

> "만군의 여호와가 이르노라 너희 조상들의 날로부터 너희가 나의 규례를 떠나 지키지 아니하였도다 그런즉 내게로 돌아오라 그리하면 나도 너희 에게로 돌아가리라 하였더니 너희가 이르기를 우리가 어떻게 하여야 돌 아가리이까 하는도다"_말 3:7

그런데 십일조가 말라기 선지자가 주도하는 부흥 운동과 연결되어 등장한다. 말라기 선지자는 지금이라도 하나님께로 돌아오라고 하는 회개를 촉구하는 중이었는데 그때 백성이 하나님께 돌아가는 길을 물었다. 보통 이런 경우에는 '통회자복하며 회개기도해라', '금식해라' 등을 말할 수 있을 것 같은데, 하나님은 이때 뜻밖의 말씀, 즉 십일조에 대한 말씀을 주셨다. 십일조의 삶으로 하나님 앞에 드려야 할 것을 드리는 것이 민족 부흥의 불길이 되는 것이다.

이스라엘 백성은 십일조를 통해 하나님을 모든 것의 주인으로 인정하는 신앙을 보여드려야 했다. 그것이 민족 부흥을 위한 기초였다. 이처럼 우리는 십일조가 단지 물질을 드리는 차원이 아닌 하나님을 하나님으로 인정하고 고백하는 중요한 신앙의 문제임을 알아야 한다.

모든 것의 주인이신 하나님께 나의 믿음을 보여드려라

십일조는 하나님의 주권에 대한 우리의 신앙고백일 뿐만 아니라 여호와 하나님을 향한 믿음의 시험이기도 하다. 〈말라기〉 3장 10절은 말한다.

> "만군의 여호와가 이르노라 너희의 온전한 십일조를 창고에 들여 나의 집에 양식이 있게 하고 그것으로 나를 시험하여 내가 하늘 문을 열고 너희에게 복을 쌓을 곳이 없도록 붓지 아니하나 보라"

여기에는 하나님을 시험해 보라는 문장이 등장한다. 이것은 곧 너희가 나를 믿는지 그 믿음을 보시겠다는 것이다. 특히 하나님을 시험하는 것으로 표현되어 있지만 근본적으로는 우리의 믿음을 시험하는 것이라고 할 수 있다.

현실적으로도 믿음 없이는 십일조를 제대로 드릴 수가 없다. 하나님이 내 인생의 주인이라고 믿지 않으면 어떻게 십일조를 드릴 수 있겠는가? 나를 위해 쓰기에도 모자란데 그것을 드릴 이유가 없어지는 것이다. 그런데 모든 것이 하나님으로 말미암아 왔다는 것을 내가 확실하게 믿으면 아무런 거리낌 없이 드릴 수 있다. 그 어떤 아까움도 없다. 받은 것 중에서도 아주 적은 일부를 다시 드리는 것이기 때문이다.

누군가는 헌금과 믿음을 직접적으로 연결하는 것에 대해 의아하게 생각할 것이다. 그러나 우리가 무엇보다 물질에 관심을 두고 있는 만큼 믿음을 표현하는 데에 가장 효과적인 것은 돈이다. 실제로 우리는 하나님을 위해 목숨도 기꺼이 바치겠다고 하면서 정작 돈을 드리기 어려워할 때가 있다. 사실 돈이 가장 쉬운 것인데 우리에게 는 가장 어려운 것이 되어 버린 것이다. 뿐만 아니라 통렬하게 믿음 을 쏟아 놓으면서도 십일조의 문제, 헌금의 문제만 부딪히면 우리의 고백은 흔적도 없이 사라질 때가 있다.

감리교회 창설자 존 웨슬리는 "돈 지갑의 회개 없는 회개를 믿을 수 없다."고 말하기도 했다. 즉 입술로는 얼마든지 회개할 수 있고 얼 마든지 찬란한 믿음의 고백을 쏟아 놓을 수 있어도 그 믿음의 실행 을 확인할 수 있는 가장 좋은 시금석은 돈이라는 것이다.

또한 마르틴 루터는 말하기를 "나는 세 가지 회심이 분명해야 된 다고 믿는데 그 첫 번째로 가슴의 회심이 일어나야 되고 그 두 번째 로 정신의 회심이 일어나야 되고 세 번째로 돈 지갑의 회심이 일어 나야 한다. 그래야 그 사람의 회개가 온전하다고 믿을 수 있다."고 했 다. 우리도 십일조를 통해 우리의 믿음을 분명히 보여드려야 한다. 모든 것의 주인이신 하나님 앞에서는 그 어떤 것도 아까울 수 없음 을 십일조를 통해 증명해 드려야 한다.

✚ 변화된 라이프 스타일이 주는 기쁨

십일조 생활을 통해 우리는 하나님을 인정하는 신앙의 기본을 다 져야 한다. 십일조를 통해 하나님을 모든 것의 주인으로 인정하면 다음과 같은 변화가 나타난다.

나의 생활을 책임지신다

십일조는 하나님께서 우리에게 허락하신 아주 중요한 선물이기도 하다. 즉 축복의 통로이다. 하나님은 우리에게 복을 주시는 통로로 십일조라고 하는 이 수단을 세워 놓으셨다.

> "만군의 여호와가 이르노라 너희의 온전한 십일조를 창고에 들여 나의 집에 양식이 있게 하고 그것으로 나를 시험하여 내가 하늘 문을 열고 너희에게 복을 쌓을 곳이 없도록 붓지 아니하나 보라"_말 3:10

이것이 하나님의 약속이다. 너희가 내게 십일조를 드리면 내가 너희에게 이런 복을 주겠다고 약속하는 것이다. 물론 복을 받기 위해 기복신앙으로 십일조를 드려서는 안 될 것이다.

그러나 적어도 내가 어려운 중에라도 십일조를 통해 내 믿음을 보여드리면 하나님은 내 경제적인 면을 도와주실 것이라는 확신은 있어야 한다. 무엇보다 이렇게 믿는 것 자체가 중요한 믿음이라고 할 수 있다.

물질적인 염려에서 자유하게 된다

우리는 살아가면서 물질로 인해 많은 시험에 든다. 물질로 인해 초조해하거나 불안해할 때도 많다. 그런데 물질의 주인이신 분은 하나님이시기에 사실 내가 걱정할 필요는 없다. 우리는 괜한 고민을 하면서 몸과 마음을 소진시켰던 것이다.

그러므로 십일조 생활을 하게 되면 이러한 굴레에서 벗어날 수 있다. 십일조로 하나님을 물질의 주인으로 인정하는 삶이 깊게 배이면 돈이 넘쳐도 더 욕심을 부리지 않고, 돈이 모자라도 비참해하지 않는다. 어차피 물질의 주인은 다른 사람이 아닌 내 아버지이시기에 염려할 필요, 욕심 부릴 필요가 없다.

그리고 물질적인 염려에서 벗어나면 우리 삶에서 꽤 많은 부분을 차지했던 염려가 사라지게 된다

	질문 리스트	체크란
1	물질의 주인이 하나님이심을 인정하는가?	YES / NO
2	물질의 주인이 하나님이시기에 헌금하고 십일조하는 것이 아깝지 않음을 인정하는가?	YES / NO
3	복의 여부와 상관없이 십일조를 드릴 수 있는가?	YES / NO
4	감사할 때마다 물질로 감사를 표현하고 있는가?	YES / NO
5	십일조 할 때마다 나의 믿음도 함께 고백하고 있는가?	YES / NO
6	소득이 많든 적든 기쁨으로 십일조를 계산하여 드리고 있는가?	YES / NO
7	내 안의 불평 거리를 찾아서 제거해 나가고 있는가?	YES / NO
8	누군가를 이기고 올라서겠다는 마음을 떨쳐 내고 있는가?	YES / NO
9	십일조는 선택이 아니라 필수인, 절대 명령임을 인정하는가?	YES / NO
10	물질의 십일조만이 아니라 시간의 십일조를 드리기 위해서도 노력하는가?	YES / NO

Christian
Life Style
21

주일성수의 삶

출애굽기 20:8~11

✚ 미완성인 나에게 필요한 라이프 스타일은?

　예수님은 인생의 구속을 위해서 십자가에 매달려 돌아가시고 사흘만에 부활하심으로 구속의 사역을 완성하셨다. 그런데 예수 그리스도의 구속 사역이 우리에게 온전한 열매로 얻어지기 위해 주일이 주어졌다. 구약에서는 안식일을 하나님의 천지창조 완성의 날로 의미를 둔다면 이날이 신약에 와서는 예수 그리스도를 통해서 사람들을 구원하는 구속 사역이 완성하는 날로 옮겨진 것이다.

　청교도 신앙의 정수라고 할 수 있는《웨스트민스터 신앙고백서》21장 7항에서도 "안식일이 창세 이후 그리스도의 부활까지는 이레 중 마지막 날을 안식일로 정했다. 그러나 예수님의 부활 이후부터는 이레 중에 첫날로 바뀌었다. 그래서 이날을 우리는 주일이라 하며 세상 끝 날까지 계속 이 주일을 지켜야 한다."는 말이 정리되어 있다. 즉 신약시대 때 구약의 안식일이 폐기된 것이 아니라, 안식일의 의미와 안식일의 정신이 신약시대에도 그대로 계승된 것이다. 그러므로 구약의 모든 의식법, 즉 구약의 모든 제사 제도 등을 비롯한 많은 법이 다 폐기되었을지라도 이 안식일에 대한 규례는 여전히 유효하다. 주일을 지키는데 있어 안식일의 의미와 정신은 그대로 주일 속에 포함되어 있다.

그렇다면 주일을 성수한다는 것은 어떤 말인가? 신구약의 의미를 종합해 보면 다음과 같이 정리해 볼 수 있다.

'주일은 예수님으로 말미암아 완성된 그 구속으로 우리가 구원을 받았다는 것에 대한 감격과 기쁨을 노래하고, 구원의 기쁨과 감격을 주신 예수 그리스도를 기념하는 날이다.' 또한 여기에 구약에서의 안식일 개념이 더해져 '안식을 누리는 것, 영원한 하나님으로 말미암아 누리게 될 영원한 안식을 우리가 소망하는 것'으로도 볼 수 있다.

그럼 이제 우리는 이러한 주일을 어떻게 지켜야 할까? 주일성수의 라이프 스타일에 있어 핵심이 되는 내용은 무엇일까?

✚ 주일성수의 스타일을 취하라

다른 엿새와 구별하여 하나님께 드려라

주일성수를 하는 것은 기억하는 데서부터 시작한다. 기억하는 것은 준비라는 행동과 연결이 된다. 〈출애굽기〉 20장 10절은 기록하고 있다.

> "일곱째 날은 네 하나님 여호와의 안식일 인즉 너나 네 아들이나 네 딸이나 네 남종이나 네 여종이나 네 가축이나 네 문안에 머무는 객이라도 아무 일도 하지 말라"

단순히 내가 준비하는 것에서 끝나서는 안 되며 가족과 종, 가축, 손님들까지도 안식일을 위해 집중해야 한다는 것이다. 특히 이 본문은 적당함을 용납하지 않는다. 대충을 용납하고 있지 않는다. 철저하게 준비하는 것이 주일성수임을 알게 해 준다. 안타깝게도 우리는 주일날 낮에 잠깐 나와서 예배 한 번 드리는 것으로 주일성수를 다 했다고 생각할 때가 있다. 이것은 성경이 말하는 주일성수가 아니다.

또한 성경은 '거룩하게 지키라'고 말씀한다. '거룩'이란 단어는 '카도쉬'(קדשׁ)인데 이 단어는 성별, 구별의 의미를 가진다. 즉, 주일은 일주일 가운데 다른 엿새와 구별되어야 하는 것이다. 그리고 여기서 거룩이라는 단어는 하나님 앞에 봉헌하는 상태를 표시하기도 한다.

즉 하나님 앞에 바쳐지는 상태를 표현하는 것이다.

그러므로 주일은 거룩한 날로써 하나님 앞에 온전히 바쳐져야 한다. 여호와의 날이기 때문에 이름 그대로 다 드려야 한다. 엿새 동안 내 몸을 나를 위해 썼다면 이날은 하나님 앞에 드리고, 엿새 동안 재능을 나를 위해 썼다면 주일에는 그 재능도 하나님께 바쳐야 한다. 감정적인 부분도 마찬가지이다. 엿새 동안 내 감정을 내 마음대로 표현했다면 주일에는 감정까지도 하나님께 드려야 한다.

모든 언행이 하나님께 드려져야 한다. 이 말은 한마디로 세상일을 중단할 때 거룩하게 주일을 지킬 수 있다는 것이다. 여전히 세상일과 연결되어 있으면 주일을 구별하고 성별하여 지킬 수가 없다.

변화를 위한 Tip 2

보석을 다루듯이 조심스럽게 주일을 지켜라

주일은 내 마음대로, 내 기분대로 지켜서는 안 된다. 이제껏 각자가 자기 기준에 따라 지키다 보니 주일성수가 변질되었던 것이다. 성경은 주일성수에 대해서 절대적인 가치를 부여하고 있다. 강력한 표현을 써 가며 반드시 철저히 지켜야 할 것을 명하고 있다.

〈출애굽기〉 31장 14~15절은 말씀하고 있다.

"너희는 안식일을 지킬지니 이는 너희에게 거룩한 날이 됨이니라 그 날을 더럽히는 자는 모두 죽일지며 그 날에 일하는 자는 모두 그 백성 중에서 그 생명이 끊어지리라 엿새 동안은 일할 것이나 일곱째 날은 큰 안식일이니 여호와께 거룩한 것이라 안식일에 일하는 자는 누구든지 반드시 죽일 지니라"

죽인다는 표현까지 써 가면서 안식일을 거룩하게 지킬 것을 강조하는 것이다. 또한 〈출애굽기〉 34장 21절에서도 말씀하고 있다.

"너는 엿새 동안 일하고 일곱째 날에는 쉴지니 밭 갈 때에나 거둘 때에도 쉴지며"

밭 갈 때는 농번기이다. 농사하는 지역에서는 가장 바쁠 때이다. 그런 때에도 주일은 구별해야 한다는 것이다.

뿐만 아니라 〈예레미야서〉 17장 21절과 22절도 강력하게 이 말씀을 강조하고 있다.

"여호와께서 이와 같이 말씀하시되 너희는 스스로 삼가서 안식일에 짐을 지고 예루살렘 문으로 들어오지 말며 안식일에 너희 집에서 짐을 내지 말며 어떤 일이라도 하지 말고 내가 너희 조상들에게 명령함 같이 안식일을 거룩하게 할지라"

여기서는 세상의 모든 일을 중단해야 함을 철저하게 명령하고 있다. 또한 느헤미야가 이스라엘 백성에게 영적인 개혁을 부르짖을 때에도 주일성수를 강조하였다.

"그 때에 내가 본즉 유다에서 어떤사람이 안식일에 술틀을 밟고 곡식단을 나귀에 실어 운반하며 포도주와 포도와 무화과와 여러 가지 짐을 지고 안식일에 예루살렘에 들어와서 음식물을 팔기로 그 날에 내가 경계하였고 또 두로 사람이 예루살렘에 살며 물고기와 각양 물건을 가져다가 안식일에 예루살렘에서도 유다 자손에게 팔기로 내가 유다의 모든 귀인들을 꾸짖어 그들에게 이르기를 너희가 어찌 이 악을 행하여 안식일을 범하느냐 너희조상들이 이같이 행하지 아니하였느냐 그래서 우리 하나님이 이 모든 재앙을 우리와 이 성읍에 내리신 것이 아니냐 그럼에도 불구하고 너희가 안식일을 범하여 진노가 이스라엘에게 더욱 심하게 임하도록 하는 도다"_느 13:15~18

여기서는 세상 것을 다 중단하고 거룩히 지키지 않는 것을 악을 행하는 것, 범죄하는 것이라고 전하고 있다.

그러므로 내 기분 따라 내 계산 따라 내 머리의 판단에 따라 주일을 지켜서는 안 된다. 안식일을 거룩하게 지킨다고 할 때, '지킨다'는 동사는 '샤마르'(שמר)라고 하는 말인데 보석을 다루듯이 조심성 있게 다루는 것을 말한다. 그렇게 보석 다루듯이 주일을 지켜야 한다. 그 어떤 날보다도 소중하게 여겨야 하고 가치 있게 보내야 한다.

✚ 변화된 라이프 스타일이 주는 기쁨

성경에서 의도하는 대로 주일성수를 하게 되면 영육 간에 놀라운 복을 누리게 된다. 주일을 거룩히 지켰을 때 어떠한 변화를 누릴 수 있는지 살펴보자.

삶의 도태가 아닌 재충전을 경험한다

간혹 주일날을 온전히 성수하는 것이 내 인생의 하루가 마이너스가 된다고 생각하는 사람이 있다. 그러나 주일을 성수하는 것이 오히려 복 받는 비결이다.

> "이는 엿새 동안에 나 여호와가 하늘과 땅과 바다와 그 가운데 모든 것을 만들고 일곱째 날에 쉬었음이라 그러므로 나 여호와가 안식일을 복되게 하여 그 날을 거룩하게 하였느니라"_출 20:11

쉬는 것은 도태되는 것이 아니라, 재충전하는 것이다. 주일날을 온전히 쉴 때 현실적으로 더 효율적으로 일을 하고 더 생산적인 결과를 맞이할 수 있다. 하나님은 이 모든 것을 아시기에 우리에게 주일성수의 명령을 내리신 것이다.

교회를 지키는 핵심이자 회복의 비결이다

청교도 신앙인들은 주일성수가 무너지면 교회가 세속화 된다고 철저하게 믿었다. 주일성수가 무너져 버리면 교회는 세상과 다를 바 없어지기 때문이다. 영국 청교도들이 신앙의 자유를 찾아서 아메리카 대륙을 찾아갈 때에도 이 부분을 중시했다.

그런데 80년 후에 미국에서 주일성수가 무너지기 시작하자 교회와 성도가 급격하게 타락의 길로 빠져들었다. 이후 영적 경건에 불을 붙이자며 제1차 영적 대각성운동이 일어나고 이후에도 2, 3차로 영적 대각성 운동이 일어났는데 주일성수를 강조하며 회복을 꾀하였다.

주일성수는 기본이 되는 만큼 교회를 지켜 나가는 핵심이자, 회복의 비결이 된다. 그러므로 주일성수를 온전히 한다는 것은 회복의 삶이 이어지는 것을 말한다.

물론 여기서의 주일성수는 형식적으로 지키지 않고, 주일의 의미를 온전히 실현하여 주의 날이 되게 하는 것을 말한다. 우리는 그 회복을 위하여 주일을 이제 내 것이 아닌 하나님의 날로 드려야 한다.

체크 리스트

	질문 리스트	체크란
1	주일이 주님의 날임을 인정하는가?	YES / NO
2	주일에는 더욱 나의 언행을 조심하는가?	YES / NO
3	주일에는 부정적인 감정을 드러내지 않기 위해 특별히 노력하는가?	YES / NO
4	주일이 되면 세상일을 모두 멈추는가?	YES / NO
5	주일에 쉬는 것이 낙오, 도태되는 것이 아님을 인정하는가?	YES / NO
6	주일을 위해 준비하고 있는가?	YES / NO
7	주일이 기다려지는가?	YES / NO
8	일주일 중 주일이 가장 행복한 날인가?	YES / NO
9	주일을 형식만이 아닌, 그 의미를 되살리며 지키고 있는가?	YES / NO
10	주일성수가 신앙인에게 기본 중의 기본임을 인정하는가?	YES / NO